Revue Gestion Juridique des RH

Année 2023

Volume 3

Numéro 3

DIRECTEUR DE PUBLICATION
Clotaire MOULOUNGUI

DIDACTIJURIS et Clotaire MOULOUNGUI
6, square du capitaine Guynemer
59960 Neuville-en-Ferrain
Didactijuris@yahoo.com

ISBN : 978-2-487740-18-1
EAN : 9782487740181

Articles de ce volume 3

Plan et pagination des articles

UN QUORUM IMPLICITE DANS BIEN D'ORGANISMES

Clotaire MOULOUNGUI
Maître de conférences hors classe à l'ULCO (académie de Lille)
Ancien Chef du Département Gestion des Entreprises et des Administrations
Responsable de la licence professionnelle Métiers de la Gestion et du Social

Résumé : La loi ou le règlement (décret ou arrêté) qui institue une instance collégiale en fixe généralement les modalités de fonctionnement. Les questions de quorum et de majorité y sont logiquement réglées. Mais parfois, le texte fondateur n'y songe pas. Heureusement, la jurisprudence (le Conseil d'État) a défini la conduite à tenir dans un tel cas de figure. Cette règle prétorienne est bien connue pour les instances dont l'effectif est important : la moitié au moins comme quorum. Toutefois, l'on doit tâtonner quand le nombre de membres ne dépasse pas trois. Même navigation à vue quand l'instance se subdivise en collèges plus ou moins autonomes.

Mots clefs : Quorum ; décision administrative ; pluralité de collèges ; majorité.

Abstract : The law or regulation (decree or order) that establishes a collegiate body generally sets out its operating procedures. The issues of quorum and majority are logically addressed therein. But sometimes, the founding text does not consider them. Fortunately, case law (the Council of State) has defined the appropriate course of action in such a scenario. This praetorian rule is well known for bodies with a large membership: at least half as a quorum. However, one must grope for the answer when the number of members does not exceed three. The same applies when the body is subdivided into more or less autonomous colleges.

Keywords : Quorum; administrative decision; plurality of colleges; majority.

1. – Le quorum utilisable dans le silence des lois et règlements.

La loi ou le règlement (décret ou arrêté) qui institue une instance collégiale en fixe généralement les modalités de fonctionnement. Les questions de quorum et de majorité y sont logiquement réglées. Mais parfois, le texte fondateur n'y songe pas. Heureusement, la jurisprudence (le Conseil d'État) a défini la conduite à tenir dans un tel cas de figure.

Cette règle prétorienne est bien connue pour les instances dont l'effectif est important : la moitié au moins comme quorum. Toutefois, l'on doit tâtonner quand le nombre de membres ne dépasse pas trois. Même navigation à vue quand l'instance se subdivise en collèges plus ou moins autonomes.

A. – Le quorum en cas de pluralité de membres et/ou de collèges

2. – La possibilité d'une pluralité de collèges dans une instance.

La pluralité de collèges de décideurs a vocation à fortifier les décisions ; car celles-ci proviendront alors de catégories diverses de délibérants. Un arrêt du Conseil d'État (30 novembre 2007) affirme que : *« Eu égard aux missions confiées à la conférence nationale des services d'incendie et de secours, aucun principe ne faisait obstacle à ce que le décret […], qui l'institue, retienne, pour déterminer les règles de quorum de la conférence nationale, uniquement certaines catégories des membres qui la composent »* (1).

---

1) CONSEIL D'ÉTAT, 30 novembre 2007, n° 276035, Lebon 2007. Le décret en question : *n° 2004-1156 du 29 octobre 2004.*

Un quorum implicite dans bien d'organismes

Par exemple encore, pour les élections des juges des conseils de prud'hommes, les employeurs et les salariés relèvent de collèges distincts ; l'on est ainsi certain qu'il y aura des employeurs-juges et des salariés-juges. La pluralité de collèges ne doit pas être confondue (complètement) avec la pluralité des origines des membres d'une instance.

Certes, la présence minimale de chacune des catégories peut être prévue. Par exemple, au sein de la Cour de Discipline Budgétaire et Financière (CDBF) siègent des magistrats de la Cour des comptes et des magistrats du Conseil d'État. Le Code de Justice Financière précise que pour décider la CDBF (alors réunie en formation plénière ou en section) doit comporter au moins quatre de ses membres et, cumulativement, un magistrat du Conseil d'État ainsi qu'un magistrat de la Cour des comptes (2).

Malgré l'absence de l'un de ces membres de la formation de jugement, la juridiction siégera valablement (3). Il n'empêche que le savant équilibre originellement conçu pour ce collège unique sera alors perdu du fait de l'éventuel absentéiste.

3. – Les collèges distincts lors des élections professionnelles.

Pour les mêmes élections professionnelles, divers quorums peuvent être recherchés. En effet, il en faut pour chacun des collèges d'électeurs. Puis en leur sein, il faut distinguer le scrutin relatif aux titulaires, puis celui concernant les suppléants. Puisque le défaut de quorum oblige à l'organisation d'un second tour, ce dernier peut ainsi ne concerner que l'un de ces scrutins.

---

2) Article R3111-1 du Code des juridictions financières.

3) Stéphanie DAMAREY, *Répertoire du contentieux administratif*, Cour de discipline budgétaire et financière, L'organisation de la CDBF, mai 2017.

Dans le pire des cas, l'absentéisme ou l'indifférence des électeurs, juridiquement qualifiée de carence, se reproduira à nouveau lors du second tour (4).

Cela étant, la modalité de calcul du quorum demeure la même au cas de pluralité de listes comme au cas de liste unique. À cause de la possibilité de raturer des noms d'une liste, certains candidats peuvent finalement être moins bien élus que d'autres. Il ne faut pourtant pas se préoccuper des voix ainsi obtenues individuellement, car seules comptent les voix obtenues par la liste sur laquelle figure le candidat en cause.

De fait, la liste unique qui a satisfait au quorum se verra attribué l'ensemble des sièges à pourvoir (5).

4. – La question des contradictions entre les collèges.

On se demande comment concilier les décisions peut-être contradictoires adoptées par deux ou trois collèges sur un même projet. Par exemple, au cas où existent plusieurs masses d'obligataires, celles-ci doivent toujours délibérer dans des assemblées distinctes (6).

---

4) « *La notion de "carence" en droit des élections professionnelles recouvre plusieurs situations. Il peut s'agir en premier lieu d'une carence de candidatures. Celle-ci peut n'intervenir qu'au premier tour (dans la mesure où seuls les syndicats représentatifs dans l'entreprise peuvent présenter des listes de candidats) mais elle peut aussi affecter le second tour. Lorsque la carence de candidatures syndicales est constatée à l'issue du premier tour, elle conduit à l'organisation d'un second tour où les candidatures sont "libres"* » (Pierre-Yves Verkindt, Une étrange équation : absence de quorum au premier tour des élections professionnelles = carence, *Droit social* 2007. 453).

5) Franck PETIT, *Répertoire de droit du travail*, Représentants du personnel : élections, novembre 2018) ; Soc. 4 juill. 1972, no 72-60.024, Bull. civ. V, no 486. – Soc. 6 mai 1985, Bull. civ. V, no 275.

6) Code de commerce, article L228-61.

Un quorum implicite dans bien d'organismes

Dans les 40 matières réservées au Parlement par la Constitution, il est loisible au Premier ministre de souhaiter un départage entre les deux chambres en laissant le dernier mot à l'Assemblée Nationale, au détriment du vote contraire du Sénat. Peu importe l'éventuel vote unanime de celui-ci et la participation de seulement quelques députés lors de la décision contraire de l'Assemblée Nationale.

Les choses sont simples lorsqu'un texte organise le départage. De même, il se trouve que pour les marchés publics le quorum englobe l'ensemble des collèges, sans d'ailleurs que chacune des catégories de membres y entre forcément à due proportion (7).

En tout état de cause, une chose est la composition du jury subdivisé en collèges, et une autre chose est, à l'intérieur, le plancher de voix à éviter (d'atteindre). Si une instance n'a pas de quorum préétabli par un texte, elle ne pourra valablement délibérer que si au moins la moitié de ses membres sont présents ou représentés ; en supposant du reste que la représentation soit possible.

5. – L'introduction d'investisseurs auprès des professionnels d'une SCP.

Originellement, les sociétés civiles professionnelles renfermaient des individus titulaires d'un diplôme, et inscrits à un tableau d'exercice professionnel. Désormais, l'on y compte aussi des investisseurs étrangers à la profession concernée. On parle de sociétés d'exercice libéral. L'investisseur ne s'immisce pas dans la gestion de la structure, à laquelle seuls s'attellent les associés professionnels.

Encore que l'investisseur puisse lui aussi être du métier. Afin que les nouveaux venus, c'est-à-dire les associés censés être passifs n'imposent complètement leur vision, les professionnels détiennent

---

7) Comment calculer le quorum dans les commissions d'appel d'offres et les jurys de concours ?, Rép. min. n° 25105 : JO Sénat Q 31 août 2000, p. 3007, Contrats et Marchés publics n° 1, novembre 2000, 26 ; CE 22 mai 1995, Quint et commune de Sarcelles ; 19 mars 1997 - Duchemin - Recueil Lebon : p. 894-907.

non seulement la moitié du capital, mais aussi davantage que la moitié des droits de vote. Pourtant, *« la cohabitation entre les deux catégories d'associés n'est pas toujours paisible »* (8).

Le Conseil des Ministres du 07 février 2023 aura adopté de nouvelles mesures de simplification de leurs règles de fonctionnement.

6. – Le maximum de voix pour les professionnels de la SCP et le quasi sacrifice des investisseurs.

Un arrêt rendu en référé par la cour d'appel de Paris (18 juin 2008) a concerné une société d'exercice libéral par actions simplifiée (du nom de Biolab). Ses 1200 actions se répartissaient en deux catégories (A et B) d'actionnaires. Les actionnaires de catégorie A étaient les professionnels libéraux actifs dans le fonctionnement courant de la société ; ils détenaient 240 actions (20 %).

La plus grande part, 960 actions (80 %), revenaient ainsi donc aux apporteurs de capitaux. À première vue, ces derniers étaient majoritaires et avaient manifestement la possibilité de toujours emporter la décision. Mais en réalité, les statuts avaient pris soin de prévoir que les actions détenues par les associés professionnels (leur) conféraient au moins 51 % des droits de vote.

En d'autres termes, alors qu'il détenait le quadruple (80 %) des actions, les associés de catégorie B avait à peine 49 % des droits de vote. C'est une philosophie discriminatoire qui avait pu être contestée une soixantaine d'années auparavant (9). Dans notre affaire, les

---

8) François PASQUALINI, Liberté statutaire et désillusion des associés, *La Semaine Juridique Entreprise et Affaires* n° 38, 17 septembre 2009, 1881.

9) « *Une formule typique a été écrite par M. Joseph Caillaux, dans un article où il s'élève contre l'institution des actions à vote plural : « pas de noblesse d'argent ni de manants du capital* » (Paul CHEMINAIS, Chronique juridique et fiscale, La protection de l'épargne, Revue de l'Industrie minérale, n° 243, 1er février 1931). Cet auteur relevait par ailleurs « *une contradiction absolue entre la création d'actions à vote plural et l'esprit démocratique qui*

statuts précisaient par ailleurs que l'assemblée des associés ne délibérerait valablement que si les associés présents ou représentés détenaient au moins, sur première convocation, les trois quarts des actions (75 %) ayant droit de vote.

Ce qui revenait à 900 actions (= 1200/4*3). Il n'empêche que les associés professionnels auront finalement souffert de leur (propre) absentéisme.

7. – L'exclusion d'associés professionnels à la faveur de leur absence à l'assemblée.

Dans le cadre de la SCP décrite ci-dessus, les deux associés professionnels (Mme Mizrahi et M. Sebban) n'allèrent pas un jour à une assemblée à laquelle ils avaient pourtant été conviés. Ne s'y retrouvèrent en conséquence que les trois apporteurs de capitaux (Mme Sitbon et MM. Marrek et Saada). Or, un vote eut lieu, à l'issue duquel les trois présents exclurent, à l'unanimité, les deux absentéistes.

Ces derniers regimbèrent et excipèrent (vainement) la violation du quorum devant la cour d'appel de Paris (18 juin 2008) ; puis, sans plus de succès, devant la Cour de cassation (5 mai 2009). Ils furent déboutés car *« il n'était pas contesté que Mme Sitbon et MM. Marrek et Saada disposaient ensemble de 960 actions sur 1200, ce qui constituait les trois quarts des actions ayant droit de vote exigés par les statuts »* (10).

Naturellement, si les deux absentéistes avaient daigné participer à la réunion, leur exclusion n'aurait jamais pu être décidée, puisqu'ils

---

doit animer les Sociétés anonymes, dans lesquelles doit être respecté le principe : à capital égal, vote égal ».

10) *Cass. Com.*, 5 mai 2009, pourvoi n° 08-17831, Bulletin 2009, IV, n° 65 ; Pan. 288, obs. Rabreau ; *RTD com.* 2010. 153, obs. Dondero ; *Rev. sociétés* 2009. 613, note Le Cannu ; JCP E 2009, no 1881, note Pasqualini ; RJDA 2009, no 758 ; *Dr. sociétés* 2009, no 138, obs. Gallois-Cochet.

étaient majoritaires en voix. Ils se sont néanmoins montrés mauvais perdants (11).

Cela dit, les rédacteurs ultérieurs des statuts de pareilles sociétés en tireront probablement les conséquences utiles (12). Il est vrai que les choses se compliquent avec le grand nombre de membres. Certes, le petit nombre ne préserve pas non plus totalement d'éventuels soucis (13).

8. - Les trois catégories d'avis aux décideurs publics et la légalité externe.

En France, une autorité publique décide très rarement toute seule dans son *Palais de la République*. Elle s'entoure en effet d'avis et conseils. Voilà pourquoi dans l'acte réglementaire (décret, arrêté, etc.) adopté son auteur mentionne les organismes qu'il aura consultés. Il mentionne aussi les textes servant de base (de caution, dirait *l'homme de la rue*) à ses propres prescriptions du moment. À cet égard, un arrêté, par exemple, comportera la date du jour, ainsi que la signature de l'auteur et, probablement un cachet, avec Marianne (14).

---

11) « *Toutefois, leur demande n'avait aucune chance de prospérer, leur argument inconsistant ne pouvant que rappeler aux Hauts magistrats le goût immodéré des mauvais perdants pour la finasserie* » (François PASQUALINI, Liberté statutaire et désillusion des associés, La Semaine Juridique Entreprise et Affaires n° 38, 17 septembre 2009, 1881).

12) Soit : prévoir deux quorums, l'un pour les associés actifs (les apporteurs en capitaux et en industrie), l'autre pour les associés passifs (apporteurs de capitaux seulement). Soit : prévoir un seul quorum, comme en l'espèce, mais en retenant les droits de vote, et non pas les actions en elles-mêmes. Cf. François PASQUALINI, précité.

13) Il faut songer au quorum des instances à deux ou trois membres.

14) « *Tout certificat phytosanitaire à l'exportation doit comporter le nom du fonctionnaire ayant réalisé la certification et être tamponné avec le cachet officiel du service identifiant l'ONPV. Le cachet officiel du service dans le cadre de la certification phytosanitaire à l'exportation est la Marianne* »

Ces quatre catégories d'éléments de procédure (légistiques) donnent à l'acte réglementaire son impression de sérieux et d'authenticité. On parle ici de légalité externe, par opposition à la légalité interne. Cette seconde légalité concerne le sens des textes appliqués et l'état d'esprit du décideur ; en gros, les motifs de sa décision (15).

La demande d'avis peut être libre et spontanée, c'est-à-dire faite par pure précaution juridique. Normalement, elle est adressée à une instance à laquelle un tel rôle de conseil est confié par un texte préexistant. Un texte qui aura spécifié la discrétion à ses membres, ou au contraire permis la publicité sur l'avis donné (16). La deuxième catégorie d'avis n'est pas librement sollicitée ; elle est obligatoire, selon la matière en cause.

En troisième lieu, la prise en compte de l'avis pourrait même aussi être obligatoire. Ce qui veut dire que le décideur devra, non seulement solliciter l'avis, mais de plus, le suivre fidèlement. On parle alors d'avis conforme (17). Le décideur dispose toutefois de la faculté de renoncer à l'adoption des dispositifs qu'il envisageait.

(Note de service DGAL/SDQPV n° 2005-8153 du 30 mai 2005 certification phytosanitaire à l'exportation).

15) Bertrand SEILLER, La complétude du dossier examiné par l'administration concerne la légalité interne de sa décision, Pal. 18 avril 2015, n° 221x6, p. 13.

16) Le secret professionnel pèsent plus durement encore aux membres des instances habilités à connaître d'affaires ou de documents confidentiels, pour la sécurité de l'État. On parle de secret-défense. Même dans les hypothèses moins essentielles à la vie du pays, le destinataire de l'avis peut se garder de rendre public l'avis reçu, malgré une éventuelle pression populaire et médiatique. En l'occurrence, le recours aux lumières de cabinets privés (peut-être étrangers et coûteux) s'avère politiquement critiquable. L'appel au cabinet McKinsey a ainsi alimenté bien de conversations et de colonnes de journaux lors de la présidentielle de 2022.

17) Le droit administratif distingue ainsi l'avis facultatif ou avis consultatif, l'avis obligatoire, et l'avis conforme. Cf. Yves GAUDEMET, *Droit administratif*, Lextenso 2020, n° 675 et suivants ; Olivier GOHIN, Jean-

9. – L'illicéité de l'arrêté en cas d'absentéisme excessif lors de la délibération de l'instance consultée.

Dans un contentieux du début du siècle, une instance (le conseil supérieur de l'électricité et du gaz) s'était réunie le 13 septembre 2001 et le 28 novembre 2001 en vue de l'examen d'arrêtés ministériels en préparation, pour lesquels l'avis obligatoire s'imposait. Le problème fut que sur ses 30 membres, moins de la moitié (14 puis 13) avaient fait le déplacement.

En application du règlement intérieur, les absents pouvaient se faire représenter. Précisément, sur cette base juridique, des pouvoirs avaient été donnés à des membres présents. Le problème est que ce règlement avait été rédigé sur le fondement du décret du 17 mai 1946 *« qui n'habilitait pas expressément le règlement intérieur à prévoir une telle possibilité et à se substituer au pouvoir réglementaire pour ce faire »*, a jugé le Conseil d'État (7 avril 2004).

Dès lors, il fallait ignorer la secourable possibilité d'une représentation et exiger, sur première convocation, la majorité des membres, titulaires ou suppléants, en personne. Comme dans l'affaire, tel n'avait pas été le cas, la procédure consultative aura donc été irrégulière. En conséquence de quoi les dispositions des arrêtés (du 13 mars 2002) prises selon ce processus étaient entachées d'illégalité (18).

On soulignera que la justice administrative aura été saisie en réaction à l'absentéisme des membres de l'institution. Autrement dit, si ceux-ci avaient été diligents et assidus, leur avis juridique aurait été acceptable, même compte non tenu de la règle prétorienne. Effectivement, la moitié des membres eut fait l'affaire.

Gabriel SORBARA, *Institutions administratives*, 2019, Lextenso, n° 458 et suivants.

18) CONSEIL D'ÉTAT, 7 avril 2004, n° 250187, Fristot. Pour approfondir la question, lire par exemple : Alexandre LABETOULE et Sophie LE CADET, Sort d'une déclaration d'utilité publique prise sur le fondement d'un avis irrégulier de l'autorité environnementale, *AJDA* 2022. 1724.

10. – La moitié des membres du collège comme quorum par défaut.

C'est l'ARRÊT MEUNIÉ du Conseil d'État (18 avril 1969) qui a posé que, sauf dispositions contraires, le quorum est égal à plus de la moitié des membres d'une institution collégiale (19).

La jurisprudence en question a par exemple été réaffirmée une dizaine d'années plus tard en ces termes : *« A défaut de toute disposition ayant fixé le quorum applicable à ses délibérations, le conseil départemental de la protection de l'enfance ne peut valablement délibérer que lorsque plus de la moitié de ses membres sont présents ou régulièrement représentés »* (20).

Ce quorum prétorien est désormais consacré par le pouvoir réglementaire. Le Code du service public indique ainsi que : *« Le quorum est atteint lorsque la moitié au moins des membres composant la commission sont présents, y compris les membres prenant part aux débats au moyen d'une conférence téléphonique ou audiovisuelle, ou ont donné mandat »* (21).

On notera que les conseils d'administration des sociétés anonymes n'admettent pas la représentation ou la télé-participation lors des délibérations sur certaines matières. C'est vrai que dans le second cas, la participation continue à distance sera quelquefois compromise par des bugs informatiques et une diffusion chaotique.

---

19) CONSEIL D'ÉTAT, Assemblée, 18 avril 1969, Meunié : Rec. CE, p. 207.

20) CONSEIL D'ÉTAT, 28 juin 1978, Lebon 1978.

21) Code du service public, Décret no 2006-672 du 8 juin 2006, Relatif à la création, à la composition et au fonctionnement de commissions administratives à caractère consultatif – Art. 11, alinéa 1. Selon l'alinéa 2 : *« Lorsque le quorum n'est pas atteint, la commission délibère valablement sans condition de quorum après une nouvelle convocation portant sur le même ordre du jour et spécifiant qu'aucun quorum ne sera exigé »*.

11. – Le quorum en cas de déport du membre intéressé par la délibération.

Consacrant la jurisprudence du Conseil d'État, un décret relatif aux relations de l'administration avec les usagers a repris la rège de la moitié comme quorum, ainsi que l'inutilité du quorum lors de la réunion de rechange. En pratique, la difficulté de remplir cette condition du nombre minimal de participants est accentué par une seconde exigence (sans doute fondée) sur l'honnêteté et le désintérêt des donneurs d'avis.

En effet : « *Les membres d'un organisme consultatif ne peuvent prendre part aux délibérations lorsqu'ils ont un intérêt personnel à l'affaire qui en fait l'objet. La violation de cette règle entraîne la nullité de la décision subséquente lorsqu'il n'est pas établi que la participation du ou des membres intéressés est restée sans influence sur la délibération* » (22).

Cette exclusion se retrouve d'ailleurs dans plusieurs Codes (23). Heureusement que le membre frappé de suspicion pourra se faire remplacer par son suppléant éventuel (24).

---

22) Décret n°83-1025 du 28 novembre 1983 concernant les relations entre l'administration et les usagers, article 12.

23) En particulier : Code des relations entre le public et l'administration (art. R133-12) ; Code général des collectivités territoriales (art. R1213-21) ; Code du cinéma et de l'image animée (art. D134-24, D134-38, art. D213-20-1) ; Code de la sécurité intérieure (art. R632-22) ; Code de l'action sociale et des familles (art. R313-2-5) ; Code de l'urbanisme (art. R328-3) ; Code rural et de la pêche maritime (art. D653-28-3, art. L961-1) ; Code de la santé publique (art. L1418-6) ; Code de la construction et de l'habitation (art. R321-6-5, art. R142-3, art. R121-3).

24) Au fond, pourquoi pas par un collègue ayant reçu procuration ? En l'occurrence, le mandat n'est pas impératif ; en effet le mandataire vote en son âme et conscience. Certes, étant l'ami du mandant, il voterait peut-être alors doublement à son profit. Soit une double présomption de malhonnêteté du membre, empêché de délibérer, puis de son délégué, complice potentiel.

12. – La nécessité d'une organisation (en amont) des remplacements et suppléances.

Dans les organismes consultatifs ou décisionnaires, le remplacement et la suppléance ne s'improvisent pas. En effet, y avoir pensé avant la survenue du besoin apparaît indispensable (25). Mais dans un contentieux, il est apparu que le préfet de la Mayenne avait décidé d'interdire l'Éden (lieu de perdition ?) aux jeunes de moins de 18 ans.

Or, la propriétaire de ce débit de boissons n'aura pas admis d'ainsi perdre une partie de sa jeune clientèle. La dame en question a par conséquent sollicité, puis obtenu l'annulation de l'arrêté préfectoral, par le tribunal administratif de Nantes (27 octobre 1976). Cette juridiction lui a donné gain de cause parce que, selon le texte en vigueur, le conseil départemental de la protection de l'enfance devait être préalablement consulté par le préfet.

Ce qui fut fait, mais mal fait. Car le quorum n'aura pas été atteint lors de la délibération. Concrètement, sur les 20 membres prévus, 10 seulement étaient présents. Un membre de plus, et le quorum était satisfait ! L'ironie du sort est que, auront été exclus du compte, quatre personnes qui suppléaient respectivement : le directeur départemental de l'action sanitaire et sociale ; l'inspecteur départemental de la jeunesse et des sports ; l'un des représentants des associations familiales ; l'un des représentants des associations de jeunesse.

Selon le Conseil d'État (28 juin 1978) : *« en l'absence de dispositions organisant la suppléance du directeur départemental de l'action*

---

25) Par exemple, dans une cour d'appel, « *En cas d'absence ou d'empêchement, le procureur général est suppléé par l'avocat général qu'il aura désigné. En cas d'absence ou d'empêchement de cet avocat général, le procureur général est suppléé par le magistrat du parquet dont le rang est le plus élevé et, à défaut, par un magistrat délégué […]* » (Code de l'organisation judiciaire, article R312-16).

sanitaire et sociale et de l'inspecteur départemental de la jeunesse et des sports et faute pour le préfet d'avoir désigné des suppléants aux représentants des associations familiales et des associations de jeunesse, ces quatre personnes n'avaient pas qualité pour siéger » (26). C'est donc vainement que le ministre l'intérieur (à la place du préfet) aura en l'occurrence saisi le Conseil d'État.

13. – Le contournement du quorum excessif par une session de rattrapage sans quorum.

Même quand un organisme collégial ne s'est pas prévu un quorum ou si celui prévu est entaché d'illégalité, il *« peut valablement délibérer si la majorité de ses membres titulaires ou suppléants sont présents ».* Au demeurant, a jugé le Conseil d'État (19 février 2003), un organisme public n'est pas forcément fondé à se donner un quorum propre dans son règlement intérieur, à défaut de base légale spécifique (27).

Certes, l'absentéisme reste courant dans la plupart des collèges (de décideurs ou de conseilleurs), publics ou privés. Au fond, l'organisme concerné ne risque-t-il pas alors le blocage dans son fonctionnement ? Le Conseil d'État répond *« que, dans le cas où cette majorité n'est pas réunie lors d'une première réunion, il peut valablement délibérer, après une nouvelle convocation, quel que soit le nombre de membres présents ».*

Plusieurs Codes contiennent de telles dispositions. Par ailleurs, la jurisprudence a dégagé la solution pour les cas où la session de rattrapage manquerait dans la loi ou le règlement applicable. L'espèce qui aura offert l'occasion de dégager cette solution jurisprudentielle concernait le conseil supérieur des chambres régionales des comptes.

---

26) CONSEIL D'ÉTAT, 28 juin 1978, n° 05664, Ministre de l'Intérieur, Publié au recueil Lebon.

27) Idem.

Ce dernier avait en définitive siégé valablement, sans condition de quorum, lors de sa séance du 19 juillet 2001, puisqu'il s'agissait d'une séance de rattrapage (28).

14. – Le titulaire de la compétence d'institution d'un quorum.

Les dispositions spéciales qui déterminent le quorum exigible pour qu'un organisme collégial puisse valablement siéger ont trait à l'exercice de sa compétence consultative ou décisionnelle. Cette compétence résulte dès lors du texte législatif ou réglementaire qui prévoit sa composition et règle son fonctionnement.

Il n'appartient nullement à l'organisme lui-même d'édicter unilatéralement (dans son règlement intérieur) le quorum applicable. À moins que le texte législatif ou réglementaire de référence ait à la fois prévu l'existence d'un tel règlement intérieur et, de plus, ait expressément habilité l'organisme à fixer le quorum adéquat.

À défaut, voit-on dans une espèce, il y aura eu violation du décret du 17 mai 1946 portant règlement d'administration publique, relativement à l'organisation du conseil supérieur de l'électricité et du gaz. Car outre que le décret ne contenait pas d'habilitation pour le quorum, il interdisait même au règlement intérieur de prévoir la représentation des absents (29). C'est une erreur identique qui aura été commise par des magistrats financiers, lesquels avaient eux aussi fixé leur propre quorum.

Le Conseil d'État leur a donné tort, car : *« Ni l'ordonnance organique n° 58-1270 du 22 décembre 1958 portant loi organique relative au statut de la magistrature ni le décret n°93-21 du 7 janvier 1993 pris pour l'application de cette ordonnance ne définissent de règles de*

---

28) CONSEIL D'ÉTAT, 19 février 2003, n° 233694, Daniel X, Cour des comptes, ministre de l'économie et autres.

29) CONSEIL D'ÉTAT, 7 avril 2004, n° 250187, Bresillon c/ Conseil supérieur de l'électricité et du gaz, Lebon 2004.

quorum applicables aux réunions de la commission d'avancement ni ne confient à la commission d'avancement le soin de déterminer elle-même de telles règles. Dans ces conditions, la commission d'avancement, qui n'a pas compétence pour les fixer, ne peut valablement délibérer que si la majorité de ses membres titulaires ou suppléants sont présents » (30).

Le silence de la loi (ou du règlement) sur le quorum applicable est ainsi comblé par la JURISPRUDENCE MEUNIÉ exigeant la participation d'au moins la moitié des membres d'une instance collégiale.

15. – L'impression de refus du quorum systématique par le juge judiciaire.

L'exigence minimale d'un nombre obligatoire de présents (le quorum) ne semble pas avoir aimé de la cour d'appel de Rennes (6 novembre 2015), laquelle a cru pouvoir rétorquer à un plaideur que *« ni la loi ni le règlement n'ont fixé l'exigence d'un quorum pour l'élection du président et du vice-président du conseil de discipline [des avocats] »*.

Cet arrêt a été annulé par la Cour de cassation (11 janvier 2017), non pas pour cette affirmation, mais pour avoir examiné l'affaire, alors que le plaideur était peut-être forclos (31). Une cinquantaine d'années plus tôt, le Conseil d'État (27 octobre 1965) avait rendu un arrêt proche. Effectivement, en application du Code de l'urbanisme, il avait débouté un requérant qui critiquait la méconnaissance du quorum. Il lui avait répondu : *« Aucune disposition n'impose un quorum »* (32).

C'est dans la décennie suivante qu'aura germé chez lui l'idée d'un quorum implicite (égal à la moitié des membres du collège) dans l'ARRÊT MEUNIÉ.

---

30) CONSEIL D'ÉTAT, 6e et 1re chambres réunies, 6 décembre 2017, n° 401674, 408542, Lebon 2017.

31) CASS. CIV. 1, 11 janvier 2017, pourvoi n° 15-29336, Publié au bulletin.

32) CONSEIL D'ÉTAT, 27 octobre 1965, n° 46007, 46740, Lebon 1965.

16. – L'inexistence de la règle du quorum dans les conditions de fond.

Les juristes font souvent la distinction entre les conditions de fond et les conditions de forme, un peu comme dans la vie courante, l'on oppose la qualité à la quantité. À cet égard, le quorum pose une question de (grand) nombre. Mais lorsque tous les participants potentiels à une réunion sont présents, sauf un, la situation d'absentéisme isolé devrait alors être négligeable. Sauf si l'absentéiste est le président, auquel cas *"l'homme de la rue"* dirait que « *la quantité ne remplacera jamais la qualité* ».

En tous cas, il ne s'agira pas d'une condition de quorum, mais d'une condition de fond. Dans une affaire survenue à Beauvais, des conseillers prud'hommes nouvellement installés devaient procéder à l'élection des présidents, des vice-présidents et des suppléants de sections de leur juridiction. Ce qui fut fait en assemblée générale (le 5 janvier 1998) après prestation de serment (individuel) devant le tribunal de grande instance.

Toutefois, quelques uns de ces juges ont ensuite soulevé la violation du quorum. D'après eux, l'annulation était encourue, car n'auront pas été présents les 3/4 (75 %) des conseillers prud'hommes. La cour d'appel d'Amiens (4 février 1998) les a déboutés. Puis, ils n'ont guère eu davantage de succès devant la Cour de cassation (06 janvier 2000).

Effectivement, sa chambre sociale a précisé que : *« l'exigence de l'installation, c'est-à-dire de la prestation de serment d'un nombre de conseillers au moins égal aux 3/4 des membres attribués, est une condition de fond pour que l'élection ait lieu valablement et non une règle de quorum »*. La question se pose de façon proche devant la juridiction consulaire (33).

---

33) Le Code de commerce introduit une subtilité quant à la qualification des juges appelés à trancher. Règle de fond ou règle de quorum ? En effet, dans le cadre du régime général de la sauvegarde, du redressement et de la liquidation judiciaires des entreprises, la formation de jugement doit être

En tous cas, dans notre affaire, « *la totalité des vingt-six conseillers salariés et vingt-quatre conseillers employeurs sur vingt-six avaient prêté serment* ». Par ailleurs, « *l'élection a eu lieu à la majorité absolue des membres présents en conformité [au Code du travail]* » (34). Si la règle de quorum n'est pas une condition de fond, elle appartient par opposition aux conditions de forme. Même si la distinction manque de pertinence, relativement à l'absentéisme, puisque la nullité sanctionne l'un et l'autre cas.

B. - Le quorum pour moins de trois membres et les présidents

17. - L'illégalité de deux juges au lieu de trois malgré l'existence de juges uniques.

À l'issue de leur délibéré, les juges d'un tribunal de droit commun (lesquels sont trois) dégagent toujours une majorité, parce qu'ils sont en nombre impair (35). Ils n'ont donc jamais besoin d'un juge départiteur, au contraire de leurs collègues des conseils de prud'hommes. Dès lors, une décision (majoritaire ou unanime) advient dans chaque affaire, sans risque de déni de justice.

En France, cette composition en trinôme de la juridiction de premier degré se constate dans les deux ordres de juridiction. Par exemple, selon le Code de justice administrative : « *Sauf lorsqu'ils relèvent*

---

composée en majorité de juges ayant exercé des fonctions judiciaires pendant plus de deux ans (article L722-2).

34) Cass. Civ. 2, 6 janvier 2000, pourvoi n° 98-60292, 98-60302, Bulletin 2000 II n° 2 p. 2. La Cour avait visé des dispositions re-codifiées de l'article L512-7, alinéa 1er, du Code du travail.

35) « *La loi du 6 août 1981 a réduit de sept à cinq le quorum normal d'audience des chambres (COJ, art. R. 431-5). Ce quorum à cinq magistrats est d'ailleurs observé dans presque toutes les Cours suprêmes européennes* » (Jacques Boré et Louis Boré, Chapitre 135 - Jugement du pourvoi / Section 2 - Audience et délibéré / § 1 - Tenue de l'audience / A - Quorum d'audience, 2018/2019).

d'un magistrat statuant seul, les jugements des tribunaux administratifs sont rendus par une formation de trois membres » (36).

Dans ces conditions, quelle valeur juridique reconnaître à la décision juridictionnelle si elle provenait accidentellement de deux magistrats seulement ? Réponse : elle est nulle. Pourtant, à deux, ils seront déjà davantage que dans de nombreuses situations de juge unique prévues par notre législation.

On pourrait en effet être tenté de se dire que : « *qui peut le plus, peut le moins* ». D'autant plus que de tels juges solitaires ne sont pas relégués à des litiges secondaires (37).

D'ailleurs, c'est aussi en juges uniques que fonctionnent presque toujours les juridictions anglo-saxonnes de base (38) ; les autres étant donc collégiales et par ailleurs adeptes des votes identifiables (39).

---

36) Code de justice administrative, article R222-18. Cf. Bernard BEIGNIER, Anne-Laure THOMAT-RAYNAUD et Jean-René BINET, Introduction au droit, août 2020, Lextenso, n° 462.

37) Par exemple, le juge commissaire traite de dossiers de faillite dans lesquels le patrimoine de l'entreprise et l'activité des salariés risquent énormément. De même, le juge aux affaires familiales détisse (ou retisse) des liens interpersonnels et fixe les avantages matériels des enfants ou des parents. La relativité du nombre de magistrats, pour un traitement correct des affaires, transparaît tout autant du juge : de l'expropriation ; des libertés et de la détention ; d'instruction ; de la protection.

38) Là-bas, « *le juge délibère à voie haute pour expliquer son choix de la règle aux plaideurs* » (Antoine BOLZE, Le délibéré ou les mystères de la fabrication du droit, *Gaz. Pal.* 18 février 2003, p. 4).

39) « *[...] dans les juridictions collégiales, y compris les cours suprêmes, en cas de désaccord, la décision est votée, ce qui montre suffisamment qu'il n'y a pas ici de règle de droit qui s'impose catégoriquement* » (Hervé CROZE, Gouvernement des juges ou gouvernement du droit ? Procédures n° 8-9, Août 2022, repère 8). Chacun des juges dispose du droit d'expliquer par écrit (aux plaideurs et aux observateurs) le sens de son vote. On parle d'opinions dissidentes (par rapport à la majorité).

18. – Le quorum dans une instance à deux ou trois membres.

Même sans texte prévoyant un quorum, la présence de la seule moitié des membres d'une instance ne suffit pas forcément. Du moins quand celle-ci se compose d'un binôme. Par exemple, lorsqu'il statue en formation restreinte, le conseil d'administration de L'ÉCOLE NATIONALE D'INGÉNIEURS DE SAINT-ETIENNE se compose de deux professeurs d'université.

Le quorum est-il en l'occurrence l'un ou l'autre de ces deux enseignants ? Le Conseil d'État (05 décembre 2011) a jugé *« qu'un tel conseil, même en formation restreinte, ne pouvait valablement siéger en présence d'un seul membre »*. Dans l'espèce tranchée par cette cour suprême administrative, il était question du recrutement d'un professeur associé, lequel aura reçu l'avis favorable du seul présent.

L'autorité de nomination a pour sa part considéré ne pouvoir juridiquement prononcer ce recrutement. Alors, le candidat a introduit un recours hiérarchique auprès du ministre, lequel est cependant demeuré sourd à sa supplique. D'où une saisine du Conseil d'État. Cette juridiction l'aura débouté, car l'École et le Ministère auront agi en toute légalité (40).

Le droit des sociétés retient aussi cette idée (41). Cela étant, peut-être aurait-il pu par ailleurs être question de responsabilité, ne serait-ce que morale, du professeur absentéiste. Car, à cause de lui, le recrutement n'aura pas eu lieu, en imaginant qu'il y aurait été favorable. Dans le même ordre d'idées, un comité de reconnaissance de maladies professionnelles, normalement composé de trois membres, s'est retrouvé avec deux présents (et donc un absent) à cause de grèves.

---

40) CONSEIL D'ÉTAT, 5 décembre 2011, n° 334059, Publié au recueil Lebon.

41) Claude CHAMPAUD et Didier DANET, Sociétés comprenant deux associés. Assemblée générale ; représentation d'un associé par l'autre (non), *RTD com.* 1992. 390).

Un quorum implicite dans bien d'organismes

Or, à cette occasion, un salarié s'est vu refuser le bénéfice du statut protecteur sollicité. Afin que son dossier fût réexaminé, il invoqua le défaut de quorum. Son recours juridictionnel était certainement défendable, car l'avis qui avait été rendu s'imposait à la caisse primaire d'assurance maladie. Mieux encore, *« il constitue une garantie de fond pour le demandeur à la reconnaissance d'une maladie professionnelle »* (42).

Par conséquent, cet avis en définitive irrégulier a été annulé. Puis, l'appréciation du dossier aura été confiée à un autre comité, géographiquement éloigné.

19. – Les cas de suffisance de la décision du seul présent.

En application de l'article L225-98 du Code de commerce (ou plutôt de son ancêtre) la jurisprudence a validé l'assemblée à laquelle s'était retrouvé un seul actionnaire. Pour la cour d'appel de Paris (11 juin 1981), en l'absence de fraude ou de faute, la demande d'annulation des délibérations adoptées était même irrecevable, puisque le Code n'exige pas la présence d'un nombre minimal de personnes ; c'est une question de nombre de titres des présents (43).

Oui, le nombre de personnes (physiques ou morales) qui participent à l'assemblée n'importe donc pas ; l'important est le nombre de leurs actions utiles (c'est-à-dire ayant droit de vote). Un arrêt confirmatif rendu en référé par la cour d'appel de Lyon (9 août 2008) portait sur la délibération du comité central d'entreprise de la société SERCA. Il y avait été question de la fermeture du centre technique régional d'ANNECY.

---

42) Cour d'appel d'Agen, chambre sociale, 27 juillet 2004, n° de RG : 03/74.

43) Paris, 11 juin 1981 : *Rev. sociétés* 1982. 297, note Sibon. Déjà, sur deuxième convocation, *« aucun quorum n'est requis »*. À la convocation initiale (d'une A.G. de S.A.), les délibérations sont valables *« si les actionnaires présents ou représentés possèdent au moins le cinquième [20 %] des actions ayant le droit de vote »*.

L'avis, nécessaire de cette instance, aura alors été donné par un seul individu, car ses collègues avaient abandonné la discussion. La question se posa alors de savoir si une telle consultation avait était suffisante en droit. À l'instar des juges du fond, la Cour de cassation s'est prononcée dans le sens défavorable aux contestataires.

En effet, *« aucun quorum n'étant fixé pour l'adoption d'une résolution, d'une décision ou d'un avis du comité d'entreprise, la délibération prise par un seul de ses membres du comité à la suite du départ des autres membres est régulière »* (44). L'arrêt ÉCOLE NATIONALE D'INGÉNIEURS DE SAINT-ETIENNE du Conseil d'État (05 décembre 2011) pouvait laisser présager une solution contraire.

20. – Le blocage des institutions par l'absence du président de la République.

En France, les règles de droit sont adoptées par le pouvoir législatif dans 40 matières listées par l'article 34 de la Constitution. Dans tous les autres domaines, la compétence de création revient plutôt au pouvoir exécutif, lequel adopte ses textes les plus importants en Conseil des ministres ; sous la présidence du président de la République.

Les textes délibérés dans ce cénacle revêtent la forme du décret, de l'ordonnance ou du projet de loi. Ces deux derniers cas correspondent à une incursion (autorisée) de l'exécutif dans une matière normalement parlementaire. Plus globalement, ces divers testes pourraient-ils être adoptés alors que, pour une raison ou pour une autre, le Chef de l'État ne serait pas disponible, ou bien ne serait pas disposé à prendre part au Conseil ? La réponse négative va de soi (45).

---

44) CASS. SOC., 30 septembre 2009, pourvoi n° 07-20525, Bulletin 2009, V, n° 217.

45) On se rappellera que lors de la première cohabitation, avec Jacques Chirac comme chef du gouvernement, et François Mitterrand comme chef de

Certes, la Constitution admet que le Premier ministre le suppléé (46). Mais, cela doit être exceptionnel, et se limiter à un ordre du jour précis (47). Ainsi donc, l'absentéisme d'un président (fainéant) obligera à repousser à plus tard l'adoption de textes pourtant nécessaires (48). Bien entendu, il faut mettre à part la délicate question de son empêchement, et alors de sa suppléance par le président du Sénat (49).

---

l'État, ce dernier s'est retrouvé seul socialiste du conseil des ministres, parmi des personnalités de Droite. Il avait alors prévenu qu'il ne resterait pas inerte. Ce qui voulait dire qu'il envisageait (au besoin) de ne point signer ces actes réglementaires. Il disposait même de la ressource de retarder la promulgation de la loi en en demandant un examen supplémentaire par le Parlement. Au regard de la Constitution (articles 13 et 21) dès lors que même à tort un décret est délibéré en Conseil des ministres, il doit finalement recevoir la signature du Président de la République et ne pourra ensuite être modifié que selon cette procédure (CONSEIL D'ÉTAT, 27 avril 1994, n° 147203 et 148545).

46) S'agissant de tout Premier ministre, il y a un « *ascendant exercé sur lui par le chef de l'État qui l'a choisi et qui est la source de sa légitimité* » (Jérôme ROUX, Élections législatives : quelles conséquences constitutionnelles ? *D.* 2022. 1352).

47) « *Il [le 1er Ministre] peut, à titre exceptionnel, le suppléer pour la présidence d'un Conseil des ministres en vertu d'une délégation expresse et pour un ordre du jour déterminé* » (Constitution, article 21, alinéa 4).

48) Nicolas Sarkozy (ministre) se serait parfois plaint de Jacques Chirac (Président) ralentissant les travaux gouvernementaux par fainéantise. Cf. Jean GARRIGUES dans hors-serie 2, mars 2016 : « *Les deux présidences de Jacques Chirac furent-elles les plus improductives de la Ve République, comme on a tendance à le considérer ? À sa décharge, cinq années sur les douze furent une cohabitation. Reste qu'en politique intérieure, les réalisations furent, le plus souvent, bien éloignées des promesses* » (https://www.lhistoire.fr/un-roi-fain%C3%A9ant).
https://www.europe1.fr/politique/Sarkozy-aussi-a-critique-son-predecesseur-520154

49) Constitution, article 7. L'empêchement du président de la République pourrait consister en : une captivité ; un coma ; une démence. Le cas échéant, le président du Sénat devient le Chef de l'État pendant trois mois, le temps d'organiser des élections présidentielles. Si lui aussi est empêché,

À propos cette fois du président de la chambre basse du Parlement, la télévision le montre de temps à autre escorté par des hommes en armes. Du moins sur son trajet entre le Palais de Lassay (sa résidence), jusqu'à son Perchoir du Palais Bourbon. L'objectif est de s'assurer qu'il sera vivant et présent à l'Assemblée nationale ; de façon que celle-ci puisse siéger (50).

Certes, six vice-présidents peuvent, tour à tour, pallier à son absence, en dirigeant les discussions dans l'hémicycle.

21. – Le président de toute institution comme quorum implicite.

L'absence du président d'une instance administrative ou juridictionnelle est susceptible d'en perturber le fonctionnement. Certes, il ne s'agira pas véritablement d'une question de quorum (51).

---

c'est alors au Gouvernement de prendre le relais ensemble. Aux USA, le remplaçant initial est le vice-président (et président du Sénat) ; puis vient le Secrétaire d'État (le ministre des affaires étrangères). En pratique, les services du protocole et ceux chargés de la sécurité des personnalités se coordonnent de façon à éviter la présence simultanée de telles personnalités au même endroit. Par exemple, notre Président ne partage jamais son avion avec le Premier ministre. Toutefois, le 14 juillet, ils prennent place sur la même estrade.

50) Cette précaution est une survivance d'un moment de l'histoire où, pour paralyser les débats parlementaires, l'on se contentât de séquestrer le Président de l'institution. Oui, pas de président, pas de débat. En vérité, il y a six vice-présidents. En cas de malheur, l'institution pourra toujours siéger et décider au nom du Peuple Français.

51) En droit, il est traditionnel d'opposer les conditions de fond et aux conditions de forme. Ce qui ressemble quelque peu à la distinction entre la qualité à la quantité. Au fond, l'idée de quorum renvoie à la quantité, au (grand) nombre de participants. Si presque tout le monde est là, il semble que la réunion devrait pouvoir avoir lieu. Mais ce sera parfois impossible si l'absentéiste est le président de l'institution. Auquel cas, l'on précisera que la nécessaire présence du président n'est pas une question de quorum, mais plutôt une condition de fond.

Un quorum implicite dans bien d'organismes

N'empêche que le blocage envisagé ne fait pas de doute concernant par exemple la commission départementale d'aménagement foncier. Car celle-ci *« ne peut valablement délibérer que si son président ou son président suppléant et la majorité de ses membres, [...] sont présents [...] »* (52).

La présence obligatoire du président transparaît dans les textes prévoyant une chaine de suppléants pour le cas où ce président ne participerait pas à la réunion. Ainsi, le Code du cinéma et de l'image animée mentionne que : *« Le président de la Commission nationale d'aménagement cinématographique est suppléé, en cas d'absence ou d'empêchement, par le membre de la Cour des comptes et, en cas d'absence ou d'empêchement de celui-ci, par le membre de l'inspection générale des finances »* (53).

Cette précaution est reproduite même pour un personnage secondaire, puisqu'il est poursuivi que : *« Le secrétaire de la commission ou, en cas d'absence ou d'empêchement de celui-ci, le secrétaire suppléant rapporte les dossiers ».* La même précaution se retrouve dans nombre de Codes, s'agissant tout au moins des présidents (54).

---

52) Code rural et de la pêche maritime, article R121-10.

53) Code du cinéma et de l'image animée, article R212-6-10.

54) Code de la propriété intellectuelle, art. R615-6 ; Code de l'entrée et du séjour des étrangers et du droit d'asile, art. R121-15 ; Code de l'aviation civile, art. D370-6 ; Code de la sécurité intérieure, art. R413-6 ; etc. Il en est ainsi de la Commission de la formation spécialisée chargée du contentieux de la mise en œuvre des techniques de renseignement soumises à autorisation et des fichiers intéressant la sûreté de l'État (Code de justice administrative, article R773-11) ; ou bien, de la Commission du contentieux du stationnement payant. Voir aussi le Code général de collectivités territoriales, article R2333-120-26 : « *La commission siège en formation plénière sous la présidence de son président ou, en cas d'absence ou d'empêchement, par le président de chambre le plus ancien dans ses fonctions. Elle comprend en outre : 1° Les présidents de chambre, remplacés en cas d'absence ou d'empêchement par un magistrat de la même chambre désigné par le président de cette chambre ; [...]* ».

Bien entendu, siéger et décider sans le président rend la décision alors adoptée aussi fragile que si manquait le quorum prévu.

L'INJUSTICE DE LA RÉPROBATION SOUFFERTE PAR CERTAINS ABSENTÉISTES

Clotaire MOULOUNGUI
Maître de conférences hors classe à l'ULCO (académie de Lille)
Ancien Chef du Département Gestion des Entreprises et des Administrations
Responsable de la licence professionnelle Métiers de la Gestion et du Social

Résumé : L'absentéiste n'est parfois pas fautif de faire faux bond à ses coéquipiers. Par exemple, un quiproquo expliquera son absence. Certes, l'on pourrait lui reprocher d'avoir manqué de vigilance ou d'attention. En revanche, particulièrement injuste se révélerait le reproche au malade absentéiste, dont le défaut d'empathie en sa faveur viendrait de ce que sa maladie serait invisible. En tous ces cas, l'attitude moralisatrice frisera parfois le harcèlement moral et la discrimination.

Mots clefs : Absentéisme ; erreur de fait ; erreur de droit ; mauvaise foi ; maladie invisible ; absences légitimes.

Abstract : The absentee is sometimes not at fault for letting their teammates down. For example, a misunderstanding may explain their absence. Certainly, they could be criticized for a lack of vigilance or attention. On the other hand, the criticism of the absentee patient, whose lack of empathy stems from the fact that their illness is invisible, would prove particularly unfair. In all these cases, the moralizing attitude will sometimes border on moral harassment and discrimination.

Keywords : Absenteeism; error of fact; error of law; bad faith; invisible illness; legitimate absences.

1. – L'absentéisme par étourderie ou bien pour maladie invisible.

L'absentéiste n'est parfois pas fautif de faire faux bond à ses coéquipiers. Par exemple, un quiproquo expliquera son absence. Certes, l'on pourrait lui reprocher d'avoir manqué de vigilance ou d'attention.

En revanche, particulièrement injuste se révélerait le reproche au malade absentéiste, dont le défaut d'empathie en sa faveur viendrait de ce que sa maladie serait invisible. En tous ces cas, l'attitude moralisatrice frisera parfois le harcèlement moral et la discrimination (55).

A. – L'erreur de l'absentéiste sur son droit à absence

2. – L'impression pour l'absentéiste d'avoir le droit de s'absenter.

Un malentendu peut être la cause des absences du salarié. D'où la question de savoir si son erreur (de droit ou de fait) s'impose comme excuse, notamment au juge. L'idée est que l'absentéiste aura mal interprété le refus implicite de son employeur à une demande de congé. En cas de procès, le salarié doit bien souvent assumer son erreur, ainsi donc que les sanctions corrélatives.

Dans une affaire (SOCIÉTÉ MAYER), après une dizaine d'années de bons et loyaux services, un surveillant de travaux avait été licencié (19 mars 1984). Or l'employeur (sans doute un peu farceur) avait parallèlement donné son accord à un départ en congé de l'intéressé ce jour-là ; du moins semblait-il. Dès lors, le salarié aura saisi la

---

55) « *Se livrer à une cosmologie du harcèlement moral, ce n'est pas alors seulement faire œuvre esthétique de cartographe, c'est donner repères utiles pour mieux identifier, dans le champ du droit, le harcèlement moral afin de lutter plus efficacement contre les malheurs et les souffrances qu'il provoque* » (Patrice ADAM, Cosmologie du harcèlement moral, La Semaine Juridique Social n° 30-34, 2 Août 2022, 1206).

justice en vue de dommages-intérêts pour rupture abusive du contrat de travail, de même que pour une indemnité de préavis.

La cour d'appel de Metz (27 janvier 1987) le débouta ; et la Cour de cassation aussi. En l'espèce, se retranchant derrière le pouvoir souverain des juges du fond, ces juges du droit auront sobrement indiqué que : *« c'est par une appréciation des éléments de preuve dont elle disposait que la cour d'appel a estimé que le salarié avait pris un congé au mépris du refus que lui avait opposé son employeur »* (56).

Une jurisprudence tout aussi problématique aura concerné un pompier, comme on le voit ci-dessous.

3. – Le cumul habituel de l'activité de pompier avec une profession principale.

Les pompiers de France sont de deux types : les professionnels (des fonctionnaires) et les volontaires (des intermittents). Les pompiers professionnels se subdivisent par ailleurs entre ceux qui sont militaires (Paris et Marseille) et tous les autres qui sont donc des civils. Un devoir d'obéissance et de disponibilité pèse indiscutablement sur les pompiers professionnels (57).

Mais, qu'en est-il à propos des pompiers volontaires ? En dépit de leur bonne volonté et de leur envie de répondre favorablement à un appel (pour intervention) il faut que leur employeur daigne

56) CASS. SOC., 24 janvier 1990, Société Mayer, pourvoi n° 87-40953, Bulletin 1990 V n° 28 p. 18 ; rejet en faveur de Cour d'appel de Metz, du 27 janvier 1987.

57) Pour se préparer à leurs exigeantes missions, les uns et les autres doivent longuement s'en trainer en amont. Puis, sur le terrain, ils doivent appliquer les stratégies apprises, en veillant à ne point exposer plus que de raison leurs collègues et leur propre personne au danger. Aussi doivent-ils agir (de préférence) conformément aux ordres et aux procédures.

préalablement les libérer (58). Ce qui suppose que les absences consécutives ne soient pas de nature à perturber (sérieusement) la marche de la structure (privée ou publique) de travail.

La mésaventure d'ANDRÉ F. donne l'occasion d'apporter des précisions sur ces divers points. Il s'agit d'un homme qui avait le service à autrui *''dans la peau''*; particulièrement en cas d'accident ou d'incendie. En effet, pendant une trentaine d'années (1953-1986), il aura été membre du corps des sapeurs-pompiers de son patelin (TOURNON SAINT-MARTIN).

Mais pour gagner sa vie, depuis le début de l'année 1985, il exerçait désormais les fonctions de chauffeur-livreur dans un commerce de vente de fuel et de gaz. Un commerce exploité par le chef d'entreprise et son épouse, avec le concours d'un second salarié (autre que le pompier).

4. – L'absentéisme du pompier pour une intervention ignorée par son employeur.

Le principal titre de gloire du pompier en question (et qui est le prétexte de cette narration) aura été de s'être rendu dans le Sud de la France, pour lutter contre les gigantesques incendies qui dévoraient les forêts méridionales pendant l'été 1986.

Concrètement, sa bourgade, d'un millier d'habitants, avait envoyé son chef et lui dans le Var (du 24 au 30 août 1986) pour appuyer leurs collègues désemparés (59). Toutefois, à l'issue de sa contribution

---

58) Romain MARIÉ, Fasc. 28-15 : Suspension du contrat de travail, Applications, *JurisClasseur Travail Traité*, 28 mars 2018.

59) Les mauvaises langues pourraient prétendre qu'il brûlait de partir, non seulement pour rendre service, mais également pour vivre une aventure dans son camion de pompier, tout en bénéficiant du paiement de vacations. Mais celles-ci sont tellement faibles que l'on frise le bénévolat. Cf. Hélène PAULIAT, Sapeur-pompier volontaire : une activité bénévole et citoyenne au service de la collectivité, *La Semaine Juridique Administrations et Collectivités territoriales* n° 37, 12 Septembre 2011, 2296.

citoyenne, et donc au retour à TOURNON, il se vit notifier un licenciement pour absentéisme.

Car, non seulement son employeur s'était retrouvé devant ''*le fait accompli*'', l'autre salarié de l'entreprise profitait pour sa part d'une période de congés payés. En outre, la conjointe collaboratrice ''*avait le pied dans le plâtre*''. Le lecteur s'étonnera probablement de ce que cet employeur (qui se plaignait d'être esseulé) ait néanmoins évincé le salarié (le pompier) susceptible de le soulager quelque peu (60).

À moins qu'en réalité l'absentéisme reproché ne fut pas si préjudiciable à l'entreprise. Quoiqu'il en soit, et malgré son esprit présumé d'abnégation, notre pompier n'accepta pas stoïquement son licenciement du reste sans préavis ni indemnité. Il décida de saisir la justice prud'homale dont les deux instances lui furent malheureusement défavorables.

Pour espérer obtenir gain de cause, il mit en avant le fait que *« tout sapeur-pompier, qu'il soit professionnel ou bénévole, doit obéissance à ses supérieurs »*. D'autant plus que, ajoutait-il, une désobéissance *« le rendait passible de sanctions disciplinaires »*. Par ailleurs, il était l'un des conducteurs qualifiés à la conduite de véhicules poids lourds de lutte contre l'incendie à TOURNON SAINT-MARTIN.

Or son chef de corps avait reçu l'ordre de fournir sans délai deux sapeurs-pompiers et un tel véhicule dont il était le conducteur qualifié disponible (61).

---

60) En vérité, l'employeur lui avait ensuite fait une offre de réintégration. Mais notre pompier entendit voir la justice condamner son employeur. Pour lui, cette offre ne rendait pas rétroactivement légal le licenciement intervenu sans cause réelle et sérieuse. À l'évidence, il s'agissait-là d'une attitude procédurière agaçante et de nature à encombrer inutilement des juridictions déjà engorgées. Certes, il n'y a pas de faute à s'en remettre à la justice de son pays, plutôt que de régler soi-même ses comptes.

61) Le pénaliste songera volontiers aux notions d'état de nécessité, d'ordre de la loi, de commandement de l'autorité légitime, voire de force majeure. C'est

5. – La condamnation de l'absentéisme du pompier volontaire malgré sa légitimité.

La Cour de cassation (3 juillet 1991) aura rejeté le pourvoi du *''gentil''* pompier. Le motif est que : *« la cour d'appel (Bourges, 14 octobre 1988) a relevé que M. F..., contacté par son chef de corps, devait, selon le colonel directeur du service de secours et d'incendie de l'Indre, répondre dans la mesure du possible, et qu'il pouvait, sans encourir de sanction, faire valoir auprès de son supérieur la nécessité d'apporter sa collaboration à son employeur »* (62).

L'avocat général près la Cour de cassation, qui n'aura pas été suivi par celle-ci, a trouvé les juges du fond bien sévères à l'encontre du pompier volontaire (63). Certes plaida-t-il (devant les juges du droit), *« pris entre deux feux, au propre, [comme] au figuré »*, *« en se précipitant pour en éteindre un, il en allumait un autre derrière lui ! »*.

---

cette dernière notion civiliste (de droit commun) qui a vocation à s'appliquer en droit du travail.

62) CASS. SOC., 3 juillet 1991, pourvoi n° 88-45577. Près de trois années se seront écoulées entre les deux arrêts (appel et rejet). À l'époque, l'engorgement de la Cour de cassation imposait un aussi long délai d'attente pour le traitement des pourvois. Du moins en matière civile (civile, commerciale, sociale).

63) Yves CHAUVY, Un dilemme : le licenciement d'un pompier volontaire, travailleur salarié, RFDA 1992. 310 : « *Que peut faire de mieux, que doit faire en bon droit, le pompier volontaire d'une commune, par ailleurs salarié d'une entreprise privée, s'il est appelé au secours au moment où son employeur a besoin de lui ? [...] S'il court jeter de l'eau sur le brasier vers lequel sa mission l'appelle, ne va-t-il pas en même temps mettre de l'huile sur le feu de ses rapports contractuels ? [...]. Mieux qu'un choix qui aurait été librement consenti mais laisserait au salarié la responsabilité de son absence, l'ordre légal assorti du commandement de l'autorité légitime est de nature à donner à l'absence du salarié toute sa justification* ».

L'injustice de la réprobation soufferte par certains absentéistes

Au fond, notre pompier aura entendu transcender la devise de sa caserne : *« sauver ou périr »* (64). Sa situation d'absentéisme étant digne d'intérêt et de sollicitude, une jurisprudence plutôt compréhensive pouvait se comprendre. Sinon, cela revient à décourager les personnes qui se mettent à la disposition de la collectivité parallèlement à leur activité professionnelle rémunérée.

Dans un domaine voisin (de don de sa personne, le syndicalisme), surgit le même dilemme entre être absent à son activité principale et être absent à l'activité secondaire.

6. – L'absentéisme du syndicaliste parti à une réunion connue de l'employeur.

Un syndicaliste doit-il choisir de s'absenter de son travail ou plutôt d'une réunion nationale ? La question s'est posée dans un contentieux administratif. Il y aura eu un malentendu sur une autorisation d'absence voulue par un professeur des écoles (65). Il en avait fait la demande au titre de membre du bureau départemental du Syndicat national unifié des directeurs, instituteurs et professeurs des écoles de l'enseignement public SNUDI-FO.

---

64) Aura-t-il contribué à sauver ? Peut-être. Aura-t-il péri ? Sûrement, du point de vue social. Car chacun ne vaut que par la profession exercée. De plus, le métier emporte une rémunération permettant de vivre sans avoir à recourir à diverses aides sociales. Or, notre pompier était devenu chômeur. Puisqu'il avait près de 33 années d'engagement comme pompier et qu'il aura probablement commencé dès sa majorité, cet homme était certainement entré dans la cinquantaine. Il était par conséquent un senior peu recherché par d'éventuels employeurs.

65) Celui-ci était en fonction dans une école maternelle du département du Nord (La Fontaine de Loos-les-Lille). Autrefois, cette activité professionnelle était celle de l'instituteur. Mais compte tenu du niveau de recrutement désormais prévu (Bac+5), il faut parler de professeur, comme dans les collèges.

Cette autorisation spéciale d'absence valait pour la journée du 16 novembre 2015. Faute de réponse de sa hiérarchie (ni pour, ni contre), notre instituteur aura compris qu'il avait bénéficié d'une autorisation implicite. Aussi a-t-il été surpris que, le 1er décembre 2015, le recteur de l'académie de Lille lui reprocha l'irrégularité (en droit) de son absence et, par conséquent, une situation de service non fait.

C'est une situation censée conduire à une retenue d'un trentième de traitement mensuel. Malgré sa démarche (obligatoire) en vue d'un arrangement amiable (avant de songer à tout procès), la mesure aura été maintenue (dans son principe) par son employeur, lequel ne l'aura néanmoins pas mise en œuvre (66).

Pour s'enlever cette épée de Damoclès sur la tête, l'enseignant syndicaliste en sollicita l'annulation (juridictionnelle). Ce qu'il obtint du tribunal administratif de Lille (5 septembre 2018). Le ministère (et non pas le rectorat) interjeta victorieusement appel devant la cour administrative d'appel de Douai (29 mai 2019).

L'arrêt défavorable au professeur portait que celui-ci *« ne disposait pas d'une autorisation implicite d'absence pour participer à une réunion syndicale le 16 novembre 2015. Il était, dès lors, ce jour là, en absence irrégulière »* (67). Se pourrait-il que le silence de

---

66) Bien entendu, l'arrêté adopté contre lui n'était pas abrogé par caducité, par non application. La retenue pouvait toujours survenir un jour. Toutefois, ce fonctionnaire débiteur d'un reversement au Trésor public pouvait espérer une prescription de la créance administrative au bout de quatre ans. Cf. Philippe GRAVELEAU, Point de départ du délai de prescription quadriennale, *Gaz. Pal.* 20 févr. 2018, n° 314m2, p. 42 ; Jean LATOURNERIE, La prescription administrative à l'épreuve de la réforme de la prescription en matière civile, *RDP* 2008, p. 1525.

67) COUR D'APPEL ADMINISTRATIVE Douai, 29 mai 2019, Académie de Lille, n° 18DA02222. On se demandera du reste si cette cour d'appel n'a pas commis une erreur de plume en utilisant l'adjectif « *implicite* » plutôt que l'adjectif « *expresse* ». L'agent aurait dû faire la preuve (négative) de ce défaut d'autorisation implicite. En revanche, le défaut d'une autorisation

l'Administration vaille finalement refus implicite malgré la règle nouvelle du SVA ?

7. – La nécessité d'une autorisation d'absence formelle de la part de la hiérarchie administrative.

Une autorisation administrative n'étant pas forcément écrite, l'erreur du professeur ci-dessus (confronté à un silence de ses chefs) était compréhensible (68).

Sans compter que d'autres décisions jurisprudentielles ont déjà eu à indiquer que la seule information claire (ou demande expresse) à la hiérarchie pouvait suffire (69). En tous cas, les conseillers douaisiens se seront acharnés, puisque selon eux : *« La circonstance que cette retenue n'ait finalement pas été opérée est sans effet sur la légalité de cette décision. Par suite, le moyen tiré de son illégalité, ainsi que les conclusions indemnitaires présentées en première*

---

expresse est toujours plus facile à établir. Le papier aura été signé, ou pas du tout.

68) Pendant près de deux siècles, il était enseigné (à la suite d'un arrêt de la Cour de cassation) que le silence ne vaut pas acceptation. En février 2016, le législateur a consacré le principe dans le Code civil (art. 1120). De son côté, et presque durant une période aussi longue, le droit administratif analysait en refus le silence de l'Administration. Mais depuis novembre 2014, dans plusieurs cas, le Silence Vaut Acceptation ; c'est la règle nouvelle du SVA. https://www.demarches.interieur.gouv.fr/particuliers/silence-administration-demande-principe-silence-vaut-accord.

69) Néanmoins, « *pas d'autorisation implicite sans demande expresse préalable* » (CONSEIL D'ÉTAT, 2 mars 2022, Décision n° 432959, Université d'Aix-Marseille). En l'espèce, un maître de conférences avait cru pouvoir parallèlement travailler pour d'autres employeurs, sans autorisation préalable de cumul. Ce qui aura été une faute disciplinaire de sa part. Sanction : deux ans sans travail mais avec une moitié de traitement. Naturellement, il devait (devra) se contenter de ce revenu et ne pas essayer d'entreprendre une activité rémunératrice de plus.

instance, tirées de l'illégalité de cette retenue, doivent être écartés » (70).

En l'espèce, à la date litigieuse (16 novembre 2015) l'intéressé n'avait pas travaillé et n'avait ensuite subi qu'une précision sur son défaut de droit à percevoir son entier salaire, conformément à un principe administratif bien ancré. Mais outre qu'il voulait que son employeur s'excusa quasiment de cette menace, notre enseignant syndicaliste entendait lui faire payer des dommages-intérêts (71).

Encore que l'incompréhension dont il prétendait souffrir était négligeable, en comparaison du sort parfois fait aux absentéistes pour maladies invisibles.

B. – La détresse de l'absentéiste victime d'une maladie invisible

8. – La souffrance redoublée de l'absentéiste pour maladie invisible.

À n'en pas douter, l'absentéisme pour maladie inspire une plus grande empathie que l'absentéisme pour grève, ou que l'absentéisme pour un autre motif plus ou moins fantaisiste. Malheureusement, toutes les pathologies ne sont pas apparentes. Sont ainsi bien entendu invisibles : les maladies internes. C'est aussi le cas des maux de l'âme et de l'esprit.

---

70) COUR D'APPEL ADMINISTRATIVE Douai, 29 mai 2019, Académie de Lille, n° 18DA02222.

71) Les extraits de l'arrêt douaisien (précité) ne permettent pas de savoir si le recours a été considéré comme téméraire. Le cas échéant, outre les dépens, le syndicaliste aurait pu être condamné à une amende civile. C'est la sanction commune de la fibre procédurière excessive. Toutefois, la sagesse n'est pas toujours récompensée par l'opinion publique. Celle-ci s'imagine trop souvent que ne pas avoir soumis à la justice une diffamation ou une spoliation signifie que leur auteur aura été dans son bon droit. Ainsi donc, la victime qui n'aura pas saisi la justice subit par ailleurs une affliction qui s'ajoute à l'affront initialement enduré.

À propos du cerveau, l'on parle de maladies psychologiques ou psychiatriques. Curieusement, il y a une sorte de tabou social sur ces maladies mentales, et par conséquent un risque de relégation ou de stigmatisation des personnes qui en souffrent et/ou les invoquent comme excuse (72).

De fait, les porteurs de handicaps invisibles (en) pâtissent doublement. Premièrement, ils subissent la souffrance inhérente à toute pathologie. Deuxièmement, (il) se rajoute le fait que l'entourage doute parfois de la réalité de la pathologie ; ce qui est psychologiquement éprouvant. Les migraineux vivent cette affreuse situation (73).

---

72) « *Toutes les sociétés ont toujours été tentées d'assimiler maladie mentale et crime et depuis la création de la clinique psychiatrique dans le sillage de Pinel et d'Esquirol, politiques, cliniciens et associations de familles ou de malades ont dû s'attacher à déstigmatiser la maladie mentale* » (Jean-Louis SENON et Cyril MANZANERA, Psychiatrie et justice : de nécessaires clarifications à l'occasion de la loi relative à la rétention de sûreté, AJ pénal 2008. 176). Les textes prévoient que : « *Les conseils locaux de santé mentale sont une plateforme de concertation et de coordination entre les élus locaux d'un territoire, la psychiatrie, les usagers et les aidants. Ils définissent des actions de lutte contre la stigmatisation [...]* » (Instruction DGS/SP4/CGET/2016/289 du 30 septembre 2016 relative à la consolidation et à la généralisation des conseils locaux de santé mentale en particulier dans le cadre des contrats de ville).

73) L'un d'entre eux n'a pu être retenu (par le préfet) pour devenir une sorte de policier auxiliaire parce que les examens médicaux subis auront donné l'impression qu'il se droguait. Le tribunal administratif de Bordeaux (31 octobre 2016) n'a pas été plus compréhensif envers lui. Car, « *à supposer que ce résultat s'explique par la prise régulière par M. T., pour soigner ses migraines, de Codoliprane, médicament non soumis à prescription médicale à base de codéine, un dérivé de l'opium, il ressort des pièces du dossier que ce traitement comporte des risques d'addiction, de somnolence et de vertiges ; qu'il n'est, par suite, pas compatible avec les missions des adjoints de sécurité de la police nationale qui, s'exerçant en équipe et en contact avec la population, parfois en situation de stress, et impliquant le port d'une arme, requièrent une vigilance continue, d'importantes capacités de discernement et une maîtrise permanente de soi ; que, dès lors, le préfet,*

Concrètement, ils ont en permanence un mal de tête, avec d'ailleurs de temps à autre des pointes de plus grande affliction. L'assiduité sans faille aux activités n'est certainement pas facile aux intéressés.

9. – L'incompréhension d'antan à l'égard de l'indisposition (dysménorrhée) de la femme et de son indisponibilité professionnelle.

Une dactylographe avait eu la chance d'être autorisée à s'absenter la matinée du 27 mars 1971 (74). Or elle n'était pas ensuite revenue l'après-midi. Son licenciement fut alors aussitôt prononcé. Pour sa défense, la secrétaire mit en avant l'urgence des démarches qu'elle devait accomplir en vue de son mariage prochain (prise de sang, certificat prénuptial). De plus, son fiancé n'était libre que ce jour-là. Plus encore, elle avait pris des dispositions pour que son travail ne souffrît point de son absence.

Dès lors, le tribunal d'instance de Grasse (13 juillet 1971) trouva la sanction du licenciement bien trop sévère, vu *« qu'une telle absence sans autorisation, portant seulement sur une demi-journée et restée sans incidence sur la bonne marche du service, était la première en*

---

qui s'est fondé sur l'inaptitude médicale de M. T. pour refuser de l'inscrire sur la liste d'aptitude aux fonctions d'adjoint de sécurité, n'a pas commis d'erreur manifeste d'appréciation de sa situation » (AJFP 2017. 151). Conf. aussi Cour administrative d'appel de Bordeaux (28 septembre 2020), Diabète et aptitude physique aux fonctions d'adjoint de sécurité, *AJFP* 2021. 19.

74) C'était une secrétaire grâce à laquelle l'entreprise pouvait établir les courriers à destination tant d'administrations que de partenaires (clients, fournisseurs, banquiers, bailleurs, etc.). Elle tapait à la machine un document reçu sous forme manuscrite, ou bien la parole dictée en direct par sa hiérarchie. Ce métier a quasiment disparu, à l'arrivée de l'ordinateur personnel. Car les cadres établissent désormais eux-mêmes les documents qu'ils doivent produire ou transmettre (sans recours à une secrétaire).

plus de deux ans de fonctions ». La sanction était d'autant plus sévère qu'elle s'accompagnait de l'impossibilité du préavis.

Certes, l'employeur semblait avoir déjà réuni de nombreux griefs contre la salariée. D'une part, peu avant (9 mars 1971) l'intéressée avait (déjà) interrompu son travail *« en raison d'une indisposition [dysménorrhée] »*, pour rentrer chez elle, car cette indisposition menstruelle rimait avec une indisponibilité professionnelle (75).

D'ailleurs, les autorités s'en préoccupent aujourd'hui (76). En tous cas, trois jours après (12 mars 1971), elle avait annoncé à son employeur qu'elle reviendrait (aussitôt) après sa semaine de maladie (16 mars) ; une maladie qu'elle n'aura jamais médicalement justifiée. Il est vrai que l'employeur ne lui avait pas réclamé de certificat médical.

De plus, sa hiérarchie *« n'avait pas contesté la cause de son absence et ne lui avait adressé ni remarque, ni avertissement écrit »*. La Cour de

---

75) Par pudeur, la femme qui était en période de règles se disait "indisposée". C'est seulement dans les années 2020 que la société (des hommes) a commencé à réaliser que cette indisposition menstruelle était cause d'une excusable indisponibilité professionnelle. Dès lors, pour la gente masculine aussi, l'absentéisme corrélatif ne relevait plus ni de la malice, ni de la fainéantise ; il était légitime.

76) En mai 2022, l'Espagne s'est mise à discuter de l'opportunité d'un congé menstruel qui serait forcément mensuel. Avec ou sans rémunération ? « *Selon la ministre issue du parti de la gauche radicale Podemos, l'arrêt maladie devra être signé par le médecin traitant sans "durée limitée" en cas de "règles douloureuses et invalidantes"* ». *Une première en Europe, mais pas dans le monde, puisque des pays comme le Japon, la Corée du Sud, l'Indonésie et la Zambie donnent la possibilité de prendre des congés menstruels, même s'ils ne sont pas toujours rémunérés* » (https://www.lejdd.fr/Societe/conge-menstruel-comme-lespagne-la-france-est-elle-prete-a-debattre-dune-telle-loi-4112229). Au milieu des années 40, les Japonaises et les Indonésiennes bénéficiaient déjà de ce congé (https://fr.wikipedia.org/wiki/Cong%C3%A9_menstruel).

cassation (6 juin 1972) approuva la bienveillance prud'homale envers la salariée en rejetant le pourvoi patronal (77).

10. – Une meilleure appréhension contemporaine de l'absentéisme due à l'endométriose.

La chanteuse LORIE PESTER avoue souffrir d'endométriose (78). Voilà pourquoi son calendrier mensuel prévoit deux jours sans aucun rendez-vous professionnel ou amical. Car la douleur qui alors l'assaille l'astreint à rester au fond de son lit pendant toute cette période (79).

Elle a bien entendu la chance de pouvoir ainsi librement aménager son agenda ; sachant que presque toutes ses congénères n'en ont pas la possibilité. Il faut savoir que les douleurs en question sont (à des degrés variables) le lot d'une femme sur dix, c'est-à-dire 10 % de la population féminine jeune. Autant de femmes qui risquent d'être taxées de paresseuses ou d'absentéistes chroniques (80).

---

77) CASS. SOC., 6 juillet 1972, pourvoi n° 71-40758, sociale N. 500 P. 455. Selon la Cour, le tribunal a pu estimer que, « *même si l'employeur considérait son comportement comme de nature à rendre inopportun le maintien du contrat de travail, que cette faute n'avait pas rendu impossible la continuation de l'exécution du contrat pendant la durée du délai-congé et n'était pas de nature à justifier son renvoi sans préavis* »

78) Lorie PESTER, *Les Choses de ma vie*, éditions Ipanema, 2018.

79) http://www.chartsinfrance.net/Lorie/news-109742.html.

80) « *Dans le débat public, l'absentéisme est souvent assimilé à de la paresse, au peu de moralité des salariés ou encore à de l'opportunisme né du remboursement par la Sécurité sociale ou les assurances privées des jours d'absence. Aussi, lutter contre l'absentéisme passerait par une politique du bâton (jour de carence) et de la carotte (prime de présence)* » (Nicolas DA SILVA, https://www-alternatives-economiques-fr./nicolas-da-silva/absenteisme-a-lhopital-non-soignants-ne-se-dorent-pilule/00105075). Le Groupe de distribution CARREFOUR vient (avril 2023) unilatéralement d'intégrer l'endométriose dans ses motifs de congés indemnisés. La fausse couche est par ailleurs prise en compte.

Mieux, les règles liées à l'endométriose sont particulièrement invalidantes. En l'occurrence, la muqueuse de l'utérus n'est pas systématiquement expulsée par les voies naturelles ; elle migre même quelquefois vers les poumons, causant douleurs et saignements. En général malheureusement, les professionnels de santé ne la diagnostiquent qu'après une errance médicale d'une dizaine d'années en moyenne.

En soi, l'identification rapide du mal n'aiderait pas tellement, car pour l'heure aucun traitement spécifique n'existe (81). Ainsi donc, chacun devrait réaliser que les femmes souffrant d'endométriose voient leur carrière et leur maternité compromises (82). Mais pour finir sur une note d'espoir (et d'humour), notons que cette maladie ne dure pas toute la vie.

Effectivement, si elle commence à l'adolescence (avec l'arrivée des règles), elle se termine logiquement à la ménopause (avec la fin des règles). Or le temps de vie (de senior) qui lui succède peut être long et heureux (83).

11. – L'absentéisme pour un mal de tête constitutif d'une migraine.

Le mal de tête est particulièrement courant, au point de paraître comme bénin au grand public. D'ailleurs, l'intéressé se sent presque

---

81) Il est cependant envisagé de soulager certaines douleurs sans médicament (https://www.huffingtonpost.fr/2019/03/04/soulager-lendometriose-et-les-regles-douloureuses-avec-des-solutions-naturelles_a_23683529/).

82) Il faut savoir que 40 % des cas d'infertilité des femmes s'expliquent par l'endométriose, constate l'Inserm, à croire Endofrance. D'où l'intérêt de la légalisation de la congélation d'ovocytes. Endofrance c'est l'Association Française de lutte contre l'Endométriose. Cf. https://www.endofrance.org.

83) Il y aurait de bons côtés dont on ne parlerait pas assez, dit une revue féminine : https://www.femmeactuelle.fr/sante/sante-pratique/menopause-tous-les-bons-cotes-dont-on-ne-parle-pas-assez-2076456.

aussitôt soulagé après l'ingestion d'une aspirine ou d'un paracétamol (84).

En réalité, le mal de tête est parfois chronique ou bien brutal. La chronicité signifie que du réveil matinal au coucher nocturne, l'on éprouve de la douleur dans sa tête. Évidemment, la concentration dans les activités scolaires et/ou professionnelles s'en trouve alors diminuée, et sans doute aussi la réussite légitimement ambitionnée.

Une thèse de doctorat traitant (entre autres) des performances des élèves mentionne que : *« En termes d'impact fonctionnel, les enfants avec des CCQ [céphalées chroniques quotidiennes] manquent plus souvent l'école que ceux avec des céphalées épisodiques »* (85). Or l'absentéisme entraîne des lacunes qui elles-mêmes concourent à provoquer l'échec scolaire.

D'ailleurs, indique cette chercheuse en psychologie, *« il n'existe pas de lien entre le niveau intellectuel et l'intensité douloureuse »* ; mais *« les enfants céphalalgiques sont en moyenne plus anxieux et plus déprimés que les enfants tout-venant »* (86). De fait, l'automédication ne peut suffire à enrayer la migraine.

En conséquence de quoi il faut parfois s'absenter pour consulter des professionnels de santé spécialistes de la pathologie. Certes, dit une

---

84) *« Vendue sans ordonnance, et désormais disponible légalement sur internet, l'aspirine n'est pourtant pas dénuée d'effets secondaires, puisqu'elle peut provoquer des ulcères à l'estomac ou des hémorragies. Des risques qui ne freinent toutefois pas l'engouement des Français, qui l'utilisent comme un produit de grande consommation »* (par Isabelle FRESNAY et Jesus CARDENAS, https://www.doctissimo.fr/html/medicaments/articles/15867-aspirine-danger.htm).

85) Céline ROUSSEAU-SALVADOR, Céphalées chroniques quotidiennes chez l'enfant : performances intellectuelles, comorbidités anxieuse et dépressive, Th. Psychologie, Lille 3, 2012.

86) Idem.

réclame : *« ne souffrez pas pour rien ! Il existe aujourd'hui des traitements très efficaces »* (87).

Le plus inquiétant est toutefois l'impossibilité d'adopter des mesures préventives grâce auxquelles se préserver des migraines. Car ses causes sont insaisissables, pouvant alternativement être les joies, les peines, le surmenage ou l'ennui. Sont par ailleurs incriminés les épisodes de beuverie ou de gloutonnerie, notamment quand la nourriture consommée est très épicée (88).

12. – Le témoignage historique d'un migraineux célèbre.

Les enfants migraineux sont prédisposés à l'absentéisme et à un échec scolaire dont ils ne sont donc pas eux-mêmes les funestes responsables. Aussi sont-ils peinés de se voir accusés d'être des malades imaginaires. Leur problème supplémentaire est que *« dans le cas de ces douleurs chroniques quotidiennes, tout examen complémentaire est inutile car on ne trouve jamais rien »* (89).

Un écrivain célèbre en parle, s'agissant de sa propre personne, à l'époque où il n'était qu'un plumitif du ministère de la Marine (aux Invalides à Paris). Voici l'extrait significatif d'une lettre à sa mère : *« L'autre jour, ayant eu une terrible migraine, j'ai demandé au sous-*

---

87) « *Trois autres diagnostics pourront être recherchés, si dans votre cas il ne s'agit pas de crise de migraine typique : les sinusites chroniques ; les troubles oculaires (souvent des lunettes mal adaptées ; cervicarthrose. D'autres diagnostics, bien plus rares, peuvent être évoqués (algie vasculaire de la face, névralgie du trijumeau, hémicrânies paroxystiques chroniques), mais leur signes cliniques sont souvent caractéristiques* » (https://www.lamutuellegenerale.fr/le-mag-sante/sante-au-quotidien/mal-la-tete-4-cas-qui-doivent-alerter.html).

88) https://www.lamutuellegenerale.fr/le-mag-sante/sante-au-quotidien/mal-la-tete-4-cas-qui-doivent-alerter.html

89) https://www.lamutuellegenerale.fr/le-mag-sante/sante-au-quotidien/mal-la-tete-4-cas-qui-doivent-alerter.html. En vérité, lit-on ensuite : « *Dans quelques cas, un traumatisme crânien est retrouvé et l'on parle alors de « céphalée du syndrome post-traumatisme crânien* ».

chef l'autorisation, qui m'a été accordée, d'aller me coucher. Le lendemain, le chef m'a fait appeler, m'a dit que je me fichais de lui, que je n'étais pas malade, que je n'avais rien du tout ; qu'on ne quittait pas son bureau pour une migraine, etc., etc. Bref, il m'a défendu de sortir dans le jour, sous quelque prétexte que ce fût et surtout sous celui d'aller voir mon médecin. Or, comme je suis obligé d'aller tous les quinze jours chez M. de la Charrière [le médecin], tu vois la position où il me met » (90).

Ce récit rappelle un plaideur [un directeur pourtant] qui affirmait que *« son absentéisme lui sera reproché en réunion, comme s'il avait été fictif et simulé »* (91).

De tout ce qui précède, l'on devrait pouvoir tirer que les personnes qui ont le bonheur de ne point souffrir dans leur chair devraient se montrer reconnaissantes envers dame nature, et bienveillantes envers les malchanceux qui eux souffrent quotidiennement le martyr.

---

90) Guy THUILLIER, [Guy de] Maupassant fonctionnaire, *La Revue administrative,* 29e Année, n° 170 (mars/avril 1976), pp. 130-144, Presses Universitaires de France, https://www.jstor.org/stable/40766626.

91) CASS. SOC., 19 juin 2013, Pourvoi n° 11-28.735, AFDPED Les Papillons blancs de Cambrai.

LA GÉNÉROSITÉ DU DROIT POSITIF ENVERS L'ABSENTÉISTE

Clotaire MOULOUNGUI
Maître de conférences hors classe à l'ULCO (académie de Lille)
Ancien Chef du Département Gestion des Entreprises et des Administrations
Responsable de la licence professionnelle Métiers de la Gestion et du Social

Résumé : De la simple psychologie de comptoir permet à chacun d'imaginer le ressentiment de l'employeur obligé de conserver leur salaire à des travailleurs improductifs (car demeurés à l'extérieur de l'entreprise et en dehors de leurs activités). Il n'empêche que selon la cause de l'absentéisme, son amertume sera plus ou moins grande.

Mots clefs : Absentéisme ; maintien de salaire ; absences légitimes ; retenue sur salaire.

Abstract : Simple barroom psychology allows anyone to imagine the resentment of an employer forced to withhold the salary of unproductive workers (because they remain outside the company and away from their activities). However, depending on the cause of the absenteeism, the bitterness will be more or less pronounced.

Keywords : Absenteeism; salary retention; legitimate absences; salary deduction.

1. – L'hostilité graduelle de l'employeur selon la cause du maintien du salaire.

De la simple psychologie de comptoir permet à chacun d'imaginer le ressentiment de l'employeur obligé de conserver leur salaire à des travailleurs improductifs (car demeurés à l'extérieur de l'entreprise et en dehors de leurs activités).

Il n'empêche que selon la cause de l'absentéisme, son amertume sera plus ou moins grande.

A. – La générosité la moins pénible à l'employeur

2. – La générosité remarquable du droit local alsacien.

Dans plusieurs cas d'absentéismes, le versement du salaire est curieusement maintenu (92). Cette aubaine du travailleur français résulte le plus souvent de la volonté arbitraire du législateur. L'avantage législatif est même particulièrement remarquable dans le droit local des départements de l'Est (93).

Parfois, le maintien de son salaire à l'absentéiste résulte plutôt de l'application du contrat (individuel ou collectif) ou du statut (public

---

92) Gérard VACHET, Fasc. 26-42 : Salaire, Retenues, 2 septembre 2019.

93) « *L'article L1226-23 du code du travail prévoit qu'en Moselle, Bas-Rhin et Haut-Rhin, le salarié absent pour une cause personnelle indépendante de sa volonté pendant une durée relativement sans importance a droit au maintien de son salaire. Cette disposition n'est pas une atteinte disproportionnée à la liberté d'entreprendre selon la Cour de cassation, refusant ainsi de transmettre une QPC portant sur cet article et son interprétation* » (Marie PEYRONNET, Le maintien du salaire en cas d'absence est-il contraire à la liberté d'entreprendre ?, DA 28 octobre 2018). « *Sans condition d'ancienneté, sans délai de carence, le droit à la rémunération a été instauré pour des considérations d'équité. Il est soutenu que l'employeur, qui tire profit de l'activité du salarié, doit s'attendre, lorsqu'il conclut un contrat de travail, à de courtes interruptions de la prestation de travail fournie. Le risque d'une impossibilité temporaire de fournir la prestation de services, qui aurait dû être à la charge du salarié, est transféré à l'employeur dans certaines hypothèses d'empêchement. L'idée est celle d'une garantie de ressources. Rares sont les conventions et accords collectifs de travail qui offrent aux salariés une garantie équivalente* » (Laurence GRISEY MARTINEZ, Répertoire de droit du travail, Alsace-Moselle, Contrat de travail, Juillet 2020, n°11).

ou parapublic) sous lequel il se trouvera. Ainsi, un accord d'entreprise, un règlement intérieur, ou un contrat de travail, peuvent avoir un effet neutralisateur de la retenue sur salaire normalement impliquée par une absence au travail.

En d'autres termes, des sommes apparemment indues adviendront au salarié du moment qu'existera une base juridique en ce sens (94).

3. – La facilitation de l'accompagnement parental par le maintien du salaire.

Le conseil de prud'hommes de Metz (20 janvier 2015) a rendu (en premier et dernier ressort) une décision plutôt osée (aux yeux de l'ignorant du droit *''local''*). Il se trouve que pendant dix jours, une conductrice scolaire de la SOCIÉTÉ KÉOLIS avait choisi de veiller son concubin, plutôt que d'aller au travail. Son employeur ne lui avait pas alors payé de salaire pour ces jours où elle était au chevet de son amoureux.

D'où la saisine de la juridiction prud'homale, laquelle condamnera l'employeur au versement de la rémunération intégrale. Ce jugement, surprenant au niveau national, étonne à peine dans les

---

94) Au milieu des années 70, la Cour de cassation (1 décembre 1976) avait eu à se prononcer sur le droit à rémunération (ou non) du personnel ouvrier autorisé à s'absenter deux heures par jour pour trouver du travail, en cas de rupture du fait de l'ouvrier. L'employeur prétendait que ces heures d'absence n'étaient pas rémunérées, sauf si existait un accord ou un usage plus favorable. Au contraire, la salariée soutenait avoir droit à rémunération durant son mois de préavis. Selon la Cour de cassation, les conseillers prud'homme cannois (21 novembre 1974) auront eu tort de donner gain de cause à la demanderesse « *au seul motif qu'elle devait bénéficier de cet avantage* ». Pour justifier légalement leur jugement, ils auraient dû se rappeler que le non-paiement des heures d'absence pour recherche d'emploi était le principe, tandis que leur paiement était une exception. Or les juges du fond n'auront pas indiqué pourquoi un sort particulier (favorable) devait être réservé à l'intéressée (CASS. SOC., 1 décembre 1976, SARL CLIZA, pourvoi n° 75-40629, Bulletin n° 635, p. 517).

départements de Moselle, du Bas-Rhin et du Haut-Rhin où s'applique l'article L1226-23 du Code du travail (95).

Il faut néanmoins que deux conditions soient remplies : d'une part la durée brève de l'absence ; d'autre part une contrainte morale.

4. – L'exigence de deux conditions pour le maintien ("alsacien") de salaire.

Dans l'espèce ci-dessous, deux questions se posaient véritablement. D'une part, y trouvait-on la cause indépendante de la volonté à l'absentéiste ? D'autre part, la durée de dix jours pouvait-elle être regardée comme sans importance ? Les juges prud'hommes Messins ayant déjà répondu affirmativement à ces deux questions, il restait à savoir comment la Cour de cassation (15 mars 2017) se positionnerait.

Heureusement pour la dame au bon cœur, le pourvoi de l'employeur fut rejeté. Car, *« ayant constaté que la salariée avait été absente pour une durée de seulement dix jours et qu'un certificat médical du médecin traitant attestait que l'état de santé de son concubin nécessitait sa présence indispensable à son chevet, le conseil de prud'hommes, qui a caractérisé une cause personnelle indépendante de la volonté de la salariée et souverainement retenu l'existence d'une durée relativement sans importance, a […] légalement justifié sa décision »* (96).

Bien entendu, cette solution favorable à la salariée n'aurait pas été retenue si l'affaire s'était produite ailleurs ; à Paris, à Papeete, à Dijon, à Calais ou à Fort-de-France, par exemple (97).

---

95) Son alinéa premier porte que : « *Le salarié dont le contrat de travail est suspendu pour une cause personnelle indépendante de sa volonté et pour une durée relativement sans importance a droit au maintien de son salaire* ».

96) CASS. SOC., 15 mars 2017, pourvoi n° 15-16676.

97) En effet, le droit local ici appliqué (pour le maintien de salaire à l'absentéiste) tarde à devenir national. Une autre particularité de ce droit

5. – Le salaire sans travail pendant plusieurs semaines (congés payés).

Au niveau national (loin du droit alsacien donc), la première des exceptions légales en vertu de laquelle le salarié absent de l'entreprise perçoit quand même sa rémunération prend le visage des congés payés. Comme chacun sait, il s'agit d'une période durant laquelle le salarié doit absolument quitter son lieu de travail, tout en étant assuré de percevoir sa rémunération habituelle (98).

L'employeur (obligé d'octroyer ce congé) se console peut-être en se disant que son salarié (ainsi gratifié de force) se reposera (de sa tâche habituelle). Dès lors, il reviendra en meilleure forme au travail, et (il) le restera vraisemblablement (en forme) durant ses années futures dans l'emploi.

Pour ainsi dire, son propre intérêt d'employeur y gagne en définitive. Il n'empêche que rémunérer des salariés en congé (alors pourtant qu'ils ne lui auront pas rendu de service dans l'intervalle) est une

---

local est la mise à l'écart du principe de laïcité, c'est-à-dire de la séparation de l'État d'avec les religions. Car les prêtres, les pasteurs et les rabbins sont des ministres du culte rémunérés par le Trésor public. Les imams de la religion musulmane ne jouissent pas de cette survivance historique (du concordat). L'exception (sans islamophobie) se fonde sur deux éléments. D'abord, à l'époque de l'institution de l'avantage financier, l'islam n'avait pas encore droit de cité en notre terre judéo-chrétienne. Ensuite, l'islam n'a pas de clergé hiérarchisé, au point que n'importe quel homme peut s'installer (s'improviser) comme imam. Or, il ne semble pas admissible que des deniers publics soient versés à quiconque se présentant comme accompagnateurs d'ouailles (musulmanes ou pas).

98) Code du travail, articles L3141-1 à L3141-33. « *Tout salarié a droit chaque année à un congé payé à la charge de l'employeur* » (art. L3141-1). Code du travail, article L3141-24 : « *I.-Le congé annuel prévu à l'article L. 3141-3 ouvre droit à une indemnité égale au dixième de la rémunération brute totale perçue par le salarié au cours de la période de référence. [...]. « II.- Toutefois, l'indemnité prévue au I du présent article ne peut être inférieure au montant de la rémunération qui aurait été perçue pendant la période de congé si le salarié avait continué à travailler* ».

incongruité au synallagmatisme du contrat (du contrat de travail). Mais cette particularité bienfaisante ne surprend plus personne, du moins en occident (99).

6. – Le maintien de salaire durant l'absence pour formation professionnelle.

On admet désormais volontiers que l'employeur gagne quand même lorsqu'il donne des congés réparateurs et rémunérés à son personnel. Ils seront probablement dans de meilleures dispositions physiques et psychologiques pour le labeur. Bien sûr, cette consolation (hasardeuse ou divinatoire) quant à l'intérêt patronal n'est pas utile lorsque le maintien du salaire profite plutôt à un travailleur parti en formation professionnelle continue (100).

---

99) Dans la législation européenne, après dix jours de travail effectif chez un employeur, l'on est recevable à prétendre à des congés payés. S'agissant d'un droit au repos, le travailleur doit en jouir en nature. Il ne peut que très exceptionnellement le transformer en compensation financière. L'employeur, lui, ne l'oubliera pas, au risque de sanctions pénales. Ainsi, chaque année, il y a relâche professionnelle de cinq semaines, dont quatre consécutives, et une cinquième faisant souvent l'objet d'un fractionnement. Ces vacances ont lieu pendant la belle saison, entre début mai et fin octobre. Si en pratique l'employeur a pu choisir l'octroi simultané à tous (et donc pas le roulement), c'est qu'il aura procédé à une fermeture annuelle de son établissement. Le cas échéant, quelques salariés pourraient cependant manquer de rémunération à cause de ce congé forcé. Car si chacun a bien droit à deux jours et demi de rémunération gratuite par mois de travail, c'est toutefois en ayant travaillé une année entière que le congé payé peut atteindre 30 jours ouvrables, ou encore cinq semaines. Cf. François DUQUESNE, Fasc. 23-10, Congés payés, Droits et exercice, *JurisClasseur Travail Traité*, 12 décembre 2018.

100) « *Les actions de formation mises en œuvre pendant la période de professionnalisation et pendant le temps de travail donnent lieu au maintien par l'employeur de la rémunération du salarié (C. trav., art. L. 6324-8)* » (Pascal CAILLAUD, Formation professionnelle continue, Répertoire de droit du travail, juin 2017, n° 205). Quelquefois, c'est un

La raison est que ce sera aussi (et surtout) dans l'intérêt de l'entreprise. De telle sorte qu'à sa reprise d'activité, le travailleur se révélera meilleur (en savoirs, et/ou en savoir-faire, et/ou en savoir-être). En outre, parce qu'étant bien formé, il pèsera moins sur les finances de l'entreprise si jamais un plan social s'imposait un jour. En effet, l'intéressé disposera déjà du bagage d'adaptabilité permettant de commodément se mettre à son propre compte, ou bien de se faire recruter comme salarié par d'autres employeurs.

En vérité, les capacités professionnelles ainsi renforcées ou renouvelées rendront peut-être même notre salarié trop attractif aux concurrents. Or, le dédit-formation a vécu, puisque se former (à la demande) revient (d'abord) à travailler pour autrui (101).

7. – La conservation du salaire en cas d'absence pour évènement familial.

L'employeur maintient également sa rémunération au salarié s'absentant pour prendre part à un évènement familial heureux ou malheureux (102). Par exemple, pour le mariage d'un enfant ou

---

organisme collecteur de fonds destinés à la formation qui assure son revenu au travailleur, notamment à celui sans emploi ou en passe de devenir chômeur (Les 100 mots clefs de la GRH, V° Absentéisme).

101) D'après la Cour de cassation, « *la clause de dédit-formation, qui prévoit qu'en cas de départ prématuré, le salarié devra rembourser les rémunérations qu'il a perçues durant sa formation, est nulle* » (CASS. SOC., 23 octobre 2013, pourvoi n° 11-16.032, SOCIÉTÉ PAN EUROPÉENNE, Bulletin 2013, V, n° 247). L'arrêt aura été rendu au visa de « *l'article L. 932-1, I devenu L. 6321-2 du code du travail, ensemble l'article [l'art. 1103] 1134 du code civil* ». Précisément, « *selon le premier de ces textes, que toute action de formation suivie par un salarié pour assurer son adaptation au poste de travail constitue un temps de travail effectif et donne lieu pendant sa réalisation au maintien par l'entreprise de la rémunération* » (même arrêt).

102) « *Les jours d'absence pour événements familiaux n'entraînent pas de réduction de la rémunération. Ils sont assimilés à des jours de travail effectif pour la détermination de la durée du congé annuel* » (Code du travail, art. L3142-2). « *Il existe de très nombreuses autorisations d'absence susceptibles d'être accordées, sur justification, à l'occasion de certains*

pour le sien propre ; pour la naissance d'un enfant, ou pour l'accueil de celui adopté.

Il y a de même les visites médicales en vue d'une grossesse, et pendant celle-ci. La femme concernée se fera éventuellement accompagner par son (sa) partenaire de vie, sans perte de rémunération pour l'une et l'autre.

Par ailleurs, le maintien de salaire peut aussi concerner l'hypothèse malheureuse où le travailleur ferait face à un décès (d'ascendant, de descendant ou de conjoint). Un peu plus d'éléments sont proposés sur ce thème, en Deuxième Partie d'ouvrage, dans le Titre 2 relatif à la légitimité de la plupart des absentéismes.

8. – L'impossibilité du cumul du salaire et d'une indemnité pour congé sacrifié.

En fait, le salarié n'est pas tenu de s'absenter dans ces divers cas, ou bien pas le jour même (103). Un tel choix de demeurer au travail arrangera certainement l'employeur (104).

D'ailleurs, de façon médiane, le salarié pourrait seulement choisir de s'arrêter moins longtemps que légalement possible. Mais alors, et

---

événements familiaux dont la durée minimale est fixée par la loi (art. L. 3142-1 : règle impérative) » (François DUQUESNE, Droit du travail, Mémentos LMD, Gualino, 14è éd. 2019, p. 113).

103) « *Ces autorisations ne sont pas nécessairement utilisées le jour de l'événement mais à l'issue d'une période raisonnable* » (François DUQUESNE, précité).

104) Le doute vient de ce que le décès d'un proche fait parfois perdre ses moyens au survivant. Il connaît des absences durant lesquelles il se remémore des instants de vie avec le défunt, ou se projette dans un futur plutôt vide de l'être perdu. La situation est dès lors accidentogène et sans production suffisante. En revanche, malgré le décès du membre de la famille ou de son entourage, une personne croira ne pouvoir s'en sortir qu'en s'étourdissant au travail. L'activité permanente l'aidera à affronter le deuil (et à oublier un peu).

sauf accord exprès avec l'employeur, il ne cumulera pas pour autant le salaire (contrepartie du travail) avec une somme qui compenserait le congé inutilisé ; du reste, inutilisé en tout ou partie.

Comme dit un auteur : « *Alors que le préambule de la Constitution du 27 octobre 1946 _ auquel renvoie la Constitution du 4 octobre 1958 _ proclame comme particulièrement nécessaire à notre temps "le repos et les loisirs", l'affirmation quasi unanime de la "perte" du droit à congé payé non pris pendant la période légale fait naître une perplexité certaine et apparaît éminemment discutable* » (105).

Une solution analogue concerne le congé de maternité. En tous cas, la Cour de cassation avait censuré un jugement au motif que : « *l'indemnisation n'est ouverte à la mère qu'à la condition de cesser tout travail pendant la période d'indemnisation de dix semaines au plus suivant l'accouchement et qu'aucune disposition ne permet de déroger à cette règle d'ordre public par un report de cette période dans le temps* » (106).

Peut-être le parent hésitera-t-il à profiter du congé par sursaut moral, sachant qu'il aura lui-même contribué à la dégradation de son propre enfant (107).

---

105) Pierre CARLI, De la "perte" du congé payé non pris en cas de maladie/maternité/paternité, LPA 13 nov. 2002, n° PA200222701, p. 4.

106) CASS. SOC., 19 octobre 1995, n° de pourvoi : 94-1057. La cassation aura été prononcée au visa de l'article L331-3 du Code de la sécurité sociale.

107) « *La loi n° 2020-692 du 8 juin 2020 répond à la nécessité, selon le législateur, d'améliorer les droits des parents faisant face au deuil de leur enfant. Cependant, il peut arriver que ce décès soit la conséquence des mauvais traitements infligés par les parents à leur enfant. Pourquoi alors ne pas avoir prévu une « indignité parentale » dans cette hypothèse, privant les parents du bénéfice des dispositions de la loi nouvelle ?* » (Amélie Niemiec, Prestations sociales et décès d'un enfant : et l'indignité parentale, LPA 7 mai 2021, n° 160t6, p. 18).

9. – Le chômage technique comme obstacle au maintien de salaire.

Sans doute y aurait un certain paradoxe à verser imperturbablement leur salaire à des absents, mêmes dignes d'intérêt, alors que des travailleurs, demeurés à la disposition de l'employeur, ne seraient plus légitiment payés par celui-ci (108).

C'est la question de l'activité partielle, autrefois dénommée chômage technique (109). En effet, malgré l'existence d'assurances privées ou sociales, notamment de l'AGS, le droit laisse toujours une place à l'adage *« à l'impossible nul n'est tenu »*, et à la notion de force majeure (110).

Par exemple, une entreprise n'a pu produire et vendre à cause d'une catastrophe naturelle en conséquence de laquelle le conjoint d'une salariée est d'ailleurs décédé. Pendant les jours prévus par la loi pour enterrer et pleurer le défunt, cette veuve devait normalement conserver sa rémunération.

Hélas, cela n'a pu être le cas, puisque ses collègues restés au travail n'auront pas pu travailler et gagner de salaire ; par manque de

---

108) « *[...] lorsque l'employeur agit dans les limites de son pouvoir d'organisation de l'entreprise en modifiant son horaire dans le souci légitime de parer aux conséquences de la grève d'EDF qui l'y contraignait, il ne commet aucune faute en fermant l'entreprise le jour de la grève et ne peut être tenu de rémunérer les salariés qui se sont présentés à l'entreprise le jour de la grève, car le salaire n'est dû qu'en contrepartie du travail fourni* ». Cf. Philippe TERNEYRE, Grève dans les services publics, Répertoire de droit du travail, janvier 2016, n°447 ; CASS. SOC. 25 juin 1981, no 79-42.240, SOCIÉTÉ CAFAC.

109) Antoine CRISTAU, La mise en chômage technique consécutive à un conflit collectif du travail, Droit social 2000. 1091. Cf. aussi Emeric JEANSEN, Fasc. 28-20, Maladie, JurisClasseur Travail Traité, 15 janvier 2018, n° 21.

110) « *L'exonération totale par la preuve de la force majeure satisfait au principe de justice selon lequel « à l'impossible, nul n'est tenu »* » (Sophie HOCQUET-BERG, La force majeure aux deux visages, Responsabilité civile et assurances n° 5, Mai 2018, étude 6).

tâches, ou pour disparition de l'outil travail (111). La situation est proche de celle causée par la pandémie de Covid-19 (112).

10. – Le maintien de salaire au malade par avance des IJSS.

Parce que malade, le salarié ne peut certainement pas accomplir la prestation de travail pour laquelle il aura été recruté. En conséquence de ce défaut de bénéfice de la force de travail du salarié, l'employeur n'a pas à le payer. Toutefois, le Code de la sécurité sociale prévoit le versement, aux salariés malades,

111) Par exemple : « *[...] la crue de la Seine a condamné à l'arrêt tous les bateaux-mouches et réduit au chômage technique la plupart de leurs personnels. Pour essuyer des pertes évaluées pour l'instant à 10 millions d'euros pour le secteur, la Région Île-de-France a décidé d'étudier la possibilité de soutenir les professionnels du tourisme fluvial* » (Erwan ROYER, Une pluie de bonheur ?, JT 2016, n°188, p.3).

112) « *[...] le système d'indemnisation d'activité partielle permet, sous certaines conditions, de compenser partiellement la perte de salaire résultant de la fermeture temporaire du cabinet ou d'une réduction de l'horaire habituel de travail en deçà de la durée légale. Le « chômage technique » ne garantit en revanche pas le maintien de la totalité du salaire. Durant la période d'activité partielle, le salarié perçoit de l'employeur une indemnité horaire dont le montant est égal à 70 % de la rémunération brute servant d'assiette au calcul de l'indemnité de congés payés suivant la règle du maintien de salaire, ramenée à un montant horaire sur la base de la durée du travail applicable. Le nombre d'heures pouvant être indemnisées au titre de l'activité partielle correspond à la différence entre la durée légale du travail – 35 heures hebdomadaires, 151,67 heures mensuelles, 1600 heures annuelles – et le nombre d'heures réellement travaillées sur la période considérée. L'ensemble de ces mesures est sans doute amené à évoluer au fil des décrets publiés et à venir* ». Cf. Pascal EYDOUX et David ROGUET, Les cabinets d'avocats grippés par le Covid-19, Procédures n° 5, Mai 2020, étude 17).

d'indemnités journalières (IJSS), à la charge de la CPAM, la Caisse Primaire d'Assurance Maladie (113).

D'un autre côté, le Code du travail prévoit, à leur profit, une indemnisation complémentaire à la charge cette fois de l'employeur (114). Il y a ainsi une sorte de maintien du salaire, lequel se mue au fond en indemnisation ou indemnités. Les travailleurs en question doivent au demeurant réunir quatre conditions : l'ancienneté (un an) ; la diligence dans le signalement à l'employeur (48H) ; la prise en charge de la maladie par la Sécurité sociale ; et le bénéfice des soins au sein de l'Espace européen.

Aujourd'hui, c'est l'employeur qui indemnise son salarié absent à l'occasion de la naissance d'un enfant. Or, jusqu'en 1986, l'allocation correspondante était servie par la CAF (115). C'est néanmoins une dépense à laquelle l'employeur échappera peut-être, le congé et son avantage pécuniaire supposant qu'à l'époque de la naissance, la salariée ait été planifiée comme devant travailler (116)

---

113) L'indemnisation dépasse rarement 90 % du salaire brut pendant les 30 jours de la première période. Les 30 jours de la seconde période n'ouvrent droit qu'à 2/3 de ce salaire, c'est-à-dire 66 %. Cf. Emeric JEANSEN, précité ; Gilles AUZERO et autres, précités, n° 349 ; Elsa PESKINE et Cyril WOLMARK, Droit du travail 2024, HyperCours, Dalloz, n° 550.

114) En vérité, ce sont les employeurs qui financent en grande partie la Sécurité sociale (et donc ses diverses branches). Ils versent en effet des cotisations (à l'URSSAF), qualifiées selon l'hostilité qu'on leur porte : charges patronales, prélèvements obligatoires, coût du travail, etc. Les employeurs assument donc indirectement le service des IJSS.

115) Loi du 29 décembre 1986 ; Annie BOUSIGES, Congés, *Répertoire de droit du travail*, mars 1997, n° 64.

116) Ce qui n'est pas le cas si le salarié est déjà en congés (congés annuels, congé maladie), voire en mise à pied. Aucune compensation financière ne lui est due. Plus généralement certains congés tels ceux pour évènements familiaux sont facultatifs. Le salarié a le droit de ne point les solliciter ; en revanche, il ne saurait attendre une compensation en contrepartie de sa renonciation (Annie BOUSIGES, Congés, précité).

11. – La contribution de l'employeur en faveur du salarié nouveau Français.

Certaines démarches civiques ou citoyennes du travailleur obligent son employeur à le considérer comme effectuant néanmoins du temps de travail effectif, alors pourtant qu'il sera concrètement absent (117). C'est le cas de la demi-journée nécessaire à sa participation à la cérémonie de naturalisation.

L'offre d'une journée entière (au salarié d'origine étrangère entrant alors dans la communauté nationale) a paru excessive. Il est vrai que la cérémonie en question se déroule dans la commune de résidence de l'intéressé ; une commune peut-être par ailleurs proche de son lieu d'activité professionnelle (118).

B. – La générosité la plus pénible à l'employeur

12. – Le financement patronal de ses propres pourfendeurs.

Il existe beaucoup de cas où le maintien du salaire agace probablement les employeurs. Du moins ceux hostiles à la contradiction et au regard suspicieux porté sur leur management. Par exemple, relativement aux heures de délégation dues aux salariés élus pour représenter leurs collègues.

Certes, l'absentéisme corrélatif est ponctuel et bref. Sauf quand, au contraire, il est quasiment perpétuel. L'hypothèse étant celle ou le

---

117) Selon le Code du travail, absent pour prendre part à une instance professionnelle ou à un jury d'examen (art. L3142-43), ou encore pour suivre une formation syndicale (art. L2145-6).

118) Le Code du travail (article L3142-78) prévoit cette durée de façon supplétive. Pour le cas où, soit une convention, soit un accord collectif d'entreprise, soit à défaut une convention ou un accord de branche, n'auront pas prévu un congé plus long pour le nouveau Français.

salarié élu se consacrera à son syndicat, ou bien à son parti politique. C'est la gênante question des emplois fictifs.

Nonobstant l'anomalie juridique, ne plus être directement utile à son employeur n'emporte pas pour autant une inactivité du salarié élu. Car son temps libéré est destiné à servir et/ou à défendre ses collègues (ses électeurs ou non). Comme illustration de tels élus, il y a notamment : le délégué syndical ; le membre du CES ; le juge prud'homme (119).

13. – Les rares avantages du salarié élu par ses collègues.

Un salarié élu ne retire pas vraiment d'avantage (patrimonial ou extrapatrimonial) de son statut de représentant. Au contraire, peut-être subira-t-il parfois une discrimination professionnelle, heureusement pénalement punie, même quand la victime ne se dévouait pas autrui.

Comme dit le Gouvernement : « *Nous lutterons avec intransigeance contre toutes les discriminations. Qu'elles concernent le genre, la religion, la couleur de peau, le handicap, l'orientation sexuelle : chaque discrimination est une humiliation, une blessure, une violence. Alors, en concertation avec tous les acteurs, nous continuerons à les prévenir et les sanctionner* » (120).

Le seul avantage notable d'un salarié élu est de ne jamais être licencié sur le champ, même en cas de faute grave. En effet, l'employeur doit solliciter une autorisation (administrative) de licenciement de la part de l'inspecteur du travail, ou bien, en dernier recours, de la part du ministre du travail.

---

119) Parfois, l'employeur se contente d'avancer le revenu de substitution, au moyen du maintien du versement du salaire. Il sera ensuite remboursé par une instance publique ou privée. Cet employeur supporte à l'évidence un effort de trésorerie sans intérêt immédiat pour lui.

120) Élisabeth BORNE, Déclaration de politique générale, 6 juillet 2022.

Or l'arrêté d'autorisation est attaquable devant la juridiction administrative. Si bien que, lorsqu'enfin ce salarié protégé pourra être licencié, des années se seront écoulées. Dans l'intervalle, son salaire lui aura été obligatoirement versé.

14. – La rémunération gratuite de l'élu privé d'habilitation ou de permis.

Le problème supplémentaire pour l'employeur, à propos d'un semblable salarié élu, c'est la perte par celui-ci du droit d'accomplir la tâche pour laquelle il avait été recruté. Par exemple, son permis de conduire a été suspendu (121). Ou bien, il ne dispose plus de l'habilitation donnant accès à certaines zones sensibles, c'est-à-dire administrativement protégées des quidams (122).

En pareils cas, il y aura maintien de la rémunération, en attendant le renouvellement du sésame administratif, ou bien plutôt le licenciement. Au fond, « *Le régime des salariés protégés, gage de leur indépendance vis-à-vis de l'employeur, peut parfois se révéler être une sérieuse entrave à la liberté de gestion de ce dernier et devenir source de contentieux. [...]. La formule employée par les hauts magistrats invite également à considérer que l'obligation pesant sur l'employeur concerne non seulement le salaire, mais aussi l'ensemble de ses accessoires, puisqu'il est question de « maintenir tous les éléments de rémunération* » (123).

---

121) CASS. SOC., 2 décembre 2009, n° de pouvoir : 08-43466, SAS Mory Team c/ Chevereau ; CASS. SOC., 2 décembre 2009, n° de pouvoir : 08-42037, Sté Federal Express corporation c/ Benmabrouk.

122) Catherine BRUNO-SALEL, Le refus d'accès aux zones de sûreté d'un aéroport n'est pas obligatoirement motivé, *AJDA* 2020. 964 ; B. LAPOUILLE, L'intérêt général face à l'urgence de suspendre une décision, *DA*, 5 décembre 2006.

123) Loïc MALFETTES, Licenciement de salarié protégé et exigence de maintien de salaire, DA, 11 juin 2020.

16. – Une nouvelle affectation pour le salarié à l'habilitation ou au permis suspendu.

Afin de préserver le salarié élu de l'oisiveté (qui proviendrait du fait d'être rémunéré à rester chez soi) l'employeur lui proposera possiblement de s'occuper d'une des tâches de l'entreprise. Bien entendu, cet élu ne se mettra pas subitement à exercer logiquement des fonctions supérieures, et peut-être sans rapport avec ses qualifications ; il assumera des fonctions comparables à celles d'avant.

Du reste, l'accusation de rétrogradation illicite guettera tout employeur imprudent. Par ailleurs, la Cour de cassation exige le maintien d'au moins la rémunération initiale au profit de l'intéressé (124). Dans ces conditions, l'on supposera que l'employeur, malheureusement placé dans l'impossibilité d'offrir un reclassement à un salarié élu, devra alors le rémunérer sans contrepartie de travail.

Paradoxalement, la libération financière de cet employeur proviendra parfois d'une démission. Celle-ci s'expliquera par exemple du fait que la persistance du lien contractuel sera devenue *« trop insupportable pour le salarié »* (125).

17. – Le droit à rémunération de tout salarié disponible pour le travail.

La jurisprudence tire du contrat de travail le maintien du salaire aux non-grévistes qui (comme les grévistes), n'auront rien produit à

---

124) Toutefois, l'affectation vers des fonctions subalternes, avec maintien du salaire initial, blessera le principe « *à travail égal, salaire égal* ». Du point de vue pratique, cela évitera au salarié protégé de rester chez lui à se morfondre. L'éventuelle rétrogradation se fera ainsi sans perte de salaire.

125) Jean MOULY, La portée, à l'égard du juge judiciaire, du refus de l'administration d'autoriser le licenciement d'un salarié protégé, *Droit social* 2014. 679. Il reviendra alors au salarié protégé de démissionner.

cause de l'interruption collective de l'activité (126). De façon plus générale, et selon la Cour de cassation (15 juillet 1998), *« l'employeur ne peut être dispensé de payer leur rémunération aux salariés qui se tiennent à sa disposition que s'il démontre qu'une situation contraignante l'empêche de fournir du travail »* (127).

Au visa des articles L1211-1 et L1221-1 du Code du travail, une jurisprudence constante affirme que *« le contrat de travail comporte pour l'employeur l'obligation de fournir du travail au salarié »*. En application de cette détermination prétorienne, l'employeur traîné en justice devra payer la rémunération initialement promise au salarié demeuré inoccupé ; inoccupé sans faute de sa part (128).

---

126) La grève « *produit d'abord d'importantes conséquences sur la rémunération du salarié gréviste (et non-gréviste !) (art. 1 er). Elle conduit ensuite à une paralysie partielle du pouvoir disciplinaire de l'employeur (art. 2). Ce sont là sans doute ses deux effets les plus remarquables* » (Patrice ADAM, Grève dans le secteur privé Trav., Répertoire de droit du travail, novembre 2020, n° 98).

127) CASS. SOC., 15 juillet 1998, pourvoi n° 96-40768, Bulletin 1998 V n° 390 p. 295. En l'espèce, une préposée aux ménages n'était plus apte à des tâches pénibles. Néanmoins, en fonction de certains aménagements, elle pouvait trouver à s'employer dans l'entreprise.

128) Par exemple, à la suite de la cour d'appel de Riom (29 avril 1997), la Cour de cassation se sera prononcée en faveur du salarié. En effet, « *l'employeur était tenu au paiement des salaires pour la période pendant laquelle il avait refusé de fournir au salarié du travail en l'affectant à un emploi vacant dans l'entreprise et pour lequel le médecin du travail l'avait déclaré apte* » (CASS. SOC., 16 décembre 1998, pourvoi n° 97-43531, Bulletin 1998 V n° 555 p. 415). De même en accord avec l'arrêt de la cour d'appel de Grenoble (10 novembre 1997), la haute cour aura jugé que : « *si en principe une entreprise de presse n'a pas l'obligation de procurer du travail au journaliste pigiste occasionnel, il n'en est pas de même si, en fournissant régulièrement du travail à ce journaliste pendant une longue période, elle a fait de ce dernier, même rémunéré à la pige, un collaborateur régulier auquel l'entreprise est tenue de fournir du travail* » (CASS. SOC., 1 février 2000, pourvoi n° 98-40195, Bulletin 2000 V n° 49 p. 39). Cependant, des années après, la cour d'appel de Pau (24 janvier 2008) aura cru pouvoir approuver un refus de maintien du salaire. Il est vrai qu'en l'occurrence le

18. – L'exonération (rare) de l'employeur de salariés prétendument disponibles.

Le refus de l'employeur d'offrir tant le travail que le salaire (au travailleur désœuvré) n'aboutit pas inévitablement à un versement forcé. Par exemple, du 15 avril au 31 août 2009, l'ASFO Guadeloupe, une association de formation des entreprises, avait été secouée par un mouvement de grève (d'une partie du personnel).

Les grévistes retinrent les documents comptables et les clefs des locaux pendant des mois. Lorsqu'enfin ils entendirent revenir au travail (le 1er septembre 2009), ils n'y retrouvèrent ni l'employeur, ni les non-grévistes. Quinze jours plus tard, ils durent se résoudre à comprendre que la structure avait déménagé. L'employeur devait-il leur verser une indemnité pour les deux semaines où ils auront vainement cherché à mettre leur force de travail à sa disposition ?

En tous cas, ils saisirent la juridiction prud'homale en ce sens. Alors, la cour d'appel de Basse-Terre (16 juillet 2012) les a déboutés. Par la suite, les conseillers du Palais Royal, vers lesquels ils se seront tournés (à Paris), ne se sont pas montrés plus favorable à leur prétention. Car la cour d'appel guadeloupéenne avait *« caractérisé l'existence d'une situation contraignante de nature à libérer l'employeur de son obligation de fournir du travail aux salariés à compter du 1er septembre 2009 »* (129).

---

salarié (en situation de portage) n'avait pas envoyé le document décrivant son activité ; activité qu'il n'avait pas réussi à obtenir, puis à accomplir. L'arrêt de la cour paloise a été censuré, parce qu'il appartenait « *à la Société AVS Concept, en sa qualité d'employeur, de lui fournir du travail* » (CASS. SOC., 17 février 2010, pourvoi n° 08-45298, Bulletin 2010, V, n° 41).

129) Examinant le pourvoi contre l'arrêt de la cour d'appel Basse-Terrienne, la Cour de cassation a pensé que : « *ayant constaté qu'à compter de cette date l'employeur s'était trouvé dans l'impossibilité d'accéder à ses locaux et d'exercer son pouvoir de direction à l'égard des salariés, elle a [...] pu en déduire qu'il n'avait commis aucun manquement en transférant son activité dans d'autres locaux* » (CASS. SOC., 26 mars 2014, pourvoi n° 12-

19. – La défaveur paradoxale des grévistes utilisateurs de leur droit constitutionnel.

Les grévistes subissent un sort plus rigoureux que celui réservé à des personnes suspendues pour faute probable. Selon la loi Le Pors, sur les droits et obligations des fonctionnaires, un agent public (fonctionnaire ou contractuel) peut être suspendu (130). Aux termes de cette loi, la décision ainsi prise à son encontre résultera, *« d'un manquement à ses obligations professionnelles ou d'une infraction de droit commun »*.

La suspension implique généralement que l'agent public n'exercera plus l'activité pour laquelle il avait été recruté (131). Cependant, d'après une autre de ses dispositions, *« le fonctionnaire suspendu conserve son traitement, l'indemnité de résidence, le supplément familial de traitement et les prestations familiales obligatoires. Sa situation doit être définitivement réglée dans le délai de quatre mois »*.

En clair, pendant une telle durée (quadrimensuel), l'agent public en cause sera payé à ne rien faire. Or des absentéistes moins moralement blâmables (puisque grévistes conformément à la

---

26600 12-26602 12-26607 12-26608 12-26609 12-26610 12-26611, Bulletin 2014, V, n° 84).

130) Loi n° 83-634 du 13 juillet 1983, dite Loi Le Pors, article 30. Emmanuel Aubin, Répertoire de contentieux administratif, Fonction publique : contentieux disciplinaire, juillet 2016, n° 35.

131) Certes, s'il fait l'objet de poursuites pénales, « *il peut être affecté provisoirement par l'autorité investie du pouvoir de nomination, sous réserve de l'intérêt du service, dans un emploi compatible avec les obligations du contrôle judiciaire* ». Plus encore, « *il peut être détaché d'office, à titre provisoire, dans un autre corps ou cadre d'emplois pour occuper un emploi compatible avec de telles obligations. L'affectation provisoire ou le détachement provisoire prend fin lorsque la situation du fonctionnaire est définitivement réglée par l'administration ou lorsque l'évolution des poursuites pénales rend impossible sa prolongation* ». Cf. Loi n° 83-634 du 13 juillet 1983, dite Loi Le Pors, article 30.

Constitution) encourent des retenues sur salaire ; ou plutôt sur traitement (132).

20. – La suspension ou l'agent fautif contraint à un congé rémunéré.

Encore plus curieusement, les victimes et redresseurs de tort, qui en veulent à un agent public (généralement à un policier), en réclament la suspension. Manifestement, ces protestataires ne réalisent pas qu'ils réclament alors, au profit du coupable prétendu, quatre mois de congés payés (à la charge du Trésor public). Il est vrai qu'au bout de cette durée sans travail, et si son horizon judiciaire ne s'éclaircit toujours pas, le fautif apparent risquera de ne plus percevoir que la moitié de son traitement.

Toutefois, le sixième et dernier alinéa de l'article 30 de la loi Le Pors prévoit que : « *En cas de non-lieu, relaxe, acquittement ou mise hors de cause, l'autorité hiérarchique procède au rétablissement dans ses fonctions du fonctionnaire. Un décret en Conseil d'État détermine les modalités de la publicité du procès-verbal de rétablissement dans les fonctions* ».

Dans le secteur privé, le salarié aux prises avec la justice est nettement moins bien protégé (133).

---

132) Comme chacun sait, la rémunération mensuelle de l'agent public se dénomme un traitement.

133) Il est arrivé que les juges prennent prétexte de l'indisponibilité pour donner tort au salarié. Ainsi, la Cour de cassation (14 avril 1988) a pu dire « *que la cour d'appel [de Fort-de-France (31 janvier 1985)] [...] a constaté, par une appréciation souveraine des faits, que l'intéressé, à la suite de son incarcération, puis de son placement sous contrôle judiciaire et des obligations qui en découlaient, n'était pas resté à l'entière disposition de son employeur* » (CASS. SOC., 14 avril 1988, pourvoi n° 85-42191, M. X. c/ Banque française commerciale, Bulletin 1988 V n° 227 p. 149).

LE LAXISME MANAGÉRIAL OU PARENTAL À L'ÉGARD D'UN FAUTIF

Clotaire MOULOUNGUI
Maître de conférences hors classe à l'ULCO (académie de Lille)
Ancien Chef du Département Gestion des Entreprises et des Administrations
Responsable de la licence professionnelle Métiers de la Gestion et du Social

Résumé : De façon générale, la personne poursuivie en indemnisation l'est pour son propre fait. Mais relativement à l'absentéisme, c'est quelquefois le manquement d'autres personnes qui constituera sa faute, laquelle sera alors source d'une obligation indemnitaire. Concernant un employeur dont les salariés seraient en grève, la faute contractuelle envers des partenaires proviendra peut-être de son incapacité à honorer les engagements pris à leur égard. En illustration, l'on citera les chantiers compromis, de même que les livraisons retardées. En pareils cas, plutôt habituels, se rajoutent d'autres où l'absentéisme constitue en soi la cause de la responsabilité de la personne qui doit répondre des absentéistes. Ainsi, le reproche de laxisme sera vraisemblablement adressé à l'employeur compréhensif ou bien au parent insouciant.

Mots clefs : Absentéisme scolaire ; responsabilité parentale ; suspension des allocations familiales ; absentéisme des travailleurs ; manque à gagner ; responsabilité patronale.

Abstract : Generally speaking, the person sued for compensation is sued for their own actions. However, with regard to absenteeism, it is sometimes the failure of others that constitutes their fault, which will then be the source of a compensatory obligation. Regarding an employer whose employees are on strike, the contractual fault towards partners may stem from the employer's inability to honor the commitments made to them. Examples include compromised construction sites and delayed deliveries. In such rather common cases, there are others where absenteeism itself constitutes the cause of the liability of the person who must answer for the absentees. Thus, the accusation of laxity will likely be leveled at the understanding employer or the careless parent.

Keywords : School truancy; parental responsibility; suspension of family allowances; worker absenteeism; loss of earnings; employer liability.

1. – La responsabilité pour ses inexécutions ou pour un absentéisme d'autrui.

De façon générale, la personne poursuivie en indemnisation l'est pour son propre fait. Mais relativement à l'absentéisme, c'est quelquefois le manquement d'autres personnes qui constituera sa faute, laquelle sera alors source d'une obligation indemnitaire.

Concernant un employeur dont les salariés seraient en grève, la faute contractuelle envers des partenaires proviendra peut-être de son incapacité à honorer les engagements pris à leur égard. En illustration, l'on citera les chantiers compromis, de même que les livraisons retardées.

En pareils cas, plutôt habituels, se rajoutent d'autres où l'absentéisme constitue en soi la cause de la responsabilité de la personne qui doit répondre des absentéistes. Ainsi, le reproche de laxisme sera vraisemblablement adressé à l'employeur compréhensif ou bien au parent insouciant.

A. – Le laxisme d'un dirigeant ou d'un employeur

2. – Le versement de salaires à un absentéiste comme détournement de fonds publics.

Dans une chambre de commerce et d'industrie (CCI) du Midi, le défaut de sanction contre un absentéiste impénitent a conduit à la condamnation pénale des responsables de la structure. Selon la cour d'appel d'Aix-en-Provence (19 juin 2012), une rétorsion en forme de retenue ou de restitution ayant manqué, l'on pouvait parler de détournement de fonds publics ; malgré les apparences (134).

La première apparence trompeuse vient de la nature juridique a priori privée d'une CCI ; elle est en réalité un établissement public d'État. D'ailleurs, même si elle avait été une personne privée, elle aurait cependant revêtu la nature d'organisme privé chargé d'un service public ; à l'instar de la Sécurité sociale. Dès lors, ses finances proviendraient de subventions publiques, de taxes fléchées, ou de cotisations obligatoires.

---

134) Pour la presse et pour l'homme de la rue, le détournement de fonds publics consiste en un vol commis par des dirigeants publics au préjudice du Trésor public. Or, en droit, il s'agit d'abord de l'utilisation de crédits budgétaires pour une dépense qui n'avait pas été listée lors du vote du budget. Peu importe l'intérêt de cette dépense nouvelle pour le service public et/ou pour l'intérêt général. Peu importe ainsi le remplacement de dépenses somptuaires (dépenses de luxe) par des dépenses utiles ou nécessaires. Le fait est que les fonctionnaires compétents (l'ordonnateur des crédits et le comptable public) n'auront pas respecté les règles de la comptabilité publique. Une amende est alors susceptible d'être infligée (au comptable) par la Cour de Discipline Budgétaire et Financière. En cas d'enrichissement de soi-même ou d'amis, la juridiction pénale sévira alors à son tour (article 432-15 du code pénal). Les bonnes initiatives peuvent donc se retourner contre leurs auteurs. Cf. Isabelle HASQUENOPH, L'introuvable quasi-contrat de gestion d'affaires en droit administratif, *AJDA* 2021. 326.

Curieusement, l'appel au concept de détournement de fonds publics s'applique même lorsque la personne inquiétée ne se sera pas enrichie.

3. – La qualification de détournement malgré un défaut d'enrichissement du dirigeant inquiété.

La seconde source d'hésitation sur la sévérité (dans l'affaire ci-dessus) est le manque d'enrichissement personnel du dirigeant social. Toutefois, en pur droit (budgétaire ou des finances publiques), le détournement consiste à affecter des fonds publics à un usage autre que celui prévu lors du vote du budget de la structure (135).

Dans notre affaire, l'argent prévu pour les traitements et salaires aura été utilisé au profit d'un individu n'ayant aucunement travaillé pour son employeur prétendu. De plus, les rapports internes émis sur l'intéressé stigmatisaient des congés de maladie pris sans contrôle. De sorte qu'avec par ailleurs ses congés légaux, il ne consacrait qu'une présence marginale au travail.

Pire, durant deux années, son activité se sera limitée à la confection de 300 cartes professionnelles, ainsi que la vérification des extincteurs sur quelques sites de la ville (136).

4. – L'indifférence juridique des relations de l'absentéiste avec un notable local.

De l'aveu même du président permissif de la CCI, l'absentéiste (impénitent et impuni) bénéficiait d'un *« statut privilégié ».* Il se

---

135) Cass. crim., 16 mars 2022, n°21-82254 ; Catherine BERLAUD, Office du juge dans la caractérisation du détournement de fonds publics, GPL 5 avril 2022, n° GPL433z9.

136) Certes, il habitait à Corte, et non pas à Ajaccio, son lieu de travail. Soit plus d'une heure et demie de temps de trajet (pour couvrir 80 km d'aller simple), même en cas de beau temps et de circulation fluide.

pensait précisément intouchable parce qu'il entretenait de bonnes relations avec un influent homme politique local. Pour le juge pénal (Aix-en-Provence, 19 juin 2012), n'avoir nullement sanctionné *"l'intermittent du travail"* dénotait chez le détenteur du pouvoir disciplinaire un refus de l'exercer.

Un refus ici motivé par une cause étrangère à ses fonctions de président de CCI. La cause exogène en question aura été une crainte révérencielle à l'égard de l'homme politique protecteur de l'absentéiste. Dans ces conditions, de la part ce président, il y aura eu *« sacrifice délibéré du bien public au profit d'un intérêt privé illégitime étranger à ceux de l'établissement public qu'il avait en charge ès qualités »*.

En conséquence, poursuit l'arrêt, le délit de détournement de fonds publics était *« caractérisé en tous ses éléments matériel et intentionnel au sens de l'article 432-15 du code pénal »*.

5. – L'insuffisance de la non-titularisation comme rétorsion aux salaires indus d'absentéistes.

Devant la Cour de cassation (2 octobre 2013), le dirigeant de la CCI aura vainement mis en avant deux moyens a priori intéressants (137).

D'une part, l'absentéiste était un stagiaire et il n'avait finalement pas été titularisé à cause justement de sa regrettable inassiduité.

---

137) Et pourtant, ils n'auront pas été mieux reçus par la juridiction financière (dépendante, en cassation, du Conseil d'État. Confer Samuel DYENS, La Cour de discipline budgétaire et financière [CDBF] : une juridiction répressive à (re)découvrir, AJCT 2019. 236 : « *Les infractions qui peuvent faire l'objet d'une répression par la CDBF ont la particularité de faire référence aux règles d'accomplissement des missions, et plus précisément à leur méconnaissance* ». Voir aussi : Pierre-Antoine SOUCHARD, Jean-Claude Gaudin condamné à six mois avec sursis et 10.000 € d'amende, *AD* 24 mars 2022.

Pourtant, la cour d'appel aura péremptoirement rejeté cet argument (138). Or si à l'inverse la titularisation avait été prononcée, sans doute notre président de CCI se la serait-il (par ailleurs) vu reprochée.

D'autre part, ce dirigeant aura vainement souligné que *« la sanction de l'absentéisme n'était pas systématiquement le licenciement »*. En effet, il y a aussi et surtout les retenues sur salaire. Encore que le terme sanction soit inapproprié, s'agissant d'une conséquence naturelle du synallagmatisme de la relation de travail (139).

Sauf qu'en l'espèce l'absentéiste avait toujours imperturbablement perçu sa rémunération de stagiaire. Des peines correctionnelles, pour laxisme à l'égard d'absentéistes, auraient également pu être prononcées dans cette affaire.

6. – La conservation de leurs traitements par des élèves-professeurs absentéistes.

La jurisprudence a déjà eu à se prononcer à propos des conséquences de l'école buissonnière (de très grands) sur la responsabilité d'autrui.

---

138) « *Le refus de titularisation ne constitue évidemment pas une sanction des absences injustifiées, prolongées et répétées qui ont été constatées et dont la matérialité et l'importance ne font pas l'objet de discussion* ». Cf. CASS. CRIM., 2 octobre 2013, pourvoi n° 12-85606. Le stagiaire a vocation à être titularisé à la fin de la période prévue, c'est-à-dire à être recruté pour sa vie professionnelle entière dans l'administration concernée. Ce résultat ne saurait advenir au profit d'un individu incompétent ou indiscipliné. À l'évidence, l'absentéisme est l'un des griefs susceptibles de jouer contre notre candidat (fonctionnaire).

139) Tout d'abord, les sanctions financières (les amendes privées) sont interdites aux employeurs à l'encontre de leurs personnels. Juridiquement, le refus de verser sa rémunération au fonctionnaire absentéiste résulte de l'application du principe du service fait (ici précisément un service non fait). Concernant les salariés du secteur privé (et aussi des administrations), il faut renvoyer au synallagmatisme du contrat de travail et à la règle de l'exception d'inexécution.

En l'espèce, la juridiction administrative aura été saisie par un enseignant de l'école normale nationale d'apprentissage de Paris-Sud. La raison est que ses élèves ne venaient pas volontiers profiter des leçons qu'il dispensait.

En conséquence, cet enseignant reprocha au directeur de l'établissement public d'être demeuré *« inactif devant l'absence concertée et systématique à ses cours, pendant les deuxième et troisième trimestres »*. On comprend a contrario que la fréquentation des étudiants était (quasi) irréprochable au premier trimestre.

D'où la question de savoir ce qui aura bien pu se passer pour que ceux-ci désertassent dorénavant les cours des deux derniers trimestres. Devrait-on laisser les étudiants juger de l'intérêt ou de l'opportunité de s'astreindre à une présence en cours ? Les établissements d'enseignement qui sélectionnent leurs étudiants à l'entrée répondent positivement à cette question.

Les autres répondent plutôt que la Faculté c'est facultatif ; surtout s'agissant de majeurs ayant logiquement une claire-vision de la place des études dans la vie (professionnelle et autres). Paradoxalement, nos absentéistes étaient eux-mêmes de futurs enseignants, des professeurs-stagiaires en formation (140).

En tous cas, les absentéistes ont toujours continué de percevoir leur entier traitement mensuel ; ce qui constituait une faute de la part de la direction.

7. – La faute de la direction en cas d'élèves-fonctionnaires impunément déserteurs.

Dans l'affaire ci-dessus, étant donné que les professeurs stagiaires en cause avaient l'obligation réglementaire de prendre part aux enseignements dispensés pour les former, il aura été jugé que le directeur de leur établissement se devait *« d'user de son pouvoir*

---

140) Cour administrative d'appel de Paris, 1ère chambre, 16 janvier 1989.

hiérarchique pour prendre les mesures propres à assurer la présence des élèves aux cours ou, le cas échéant, à les sanctionner pour leur absence ».

Or le dirigeant public concerné ne l'aura pas fait, regrettèrent les juges. Les absentéistes n'étaient pas seulement coupables d'indiscipline, mais sans doute aussi de détournement de fonds publics, ou du moins du recel de cette infraction (141). Aussi le procureur de la République aurait-il pu être alerté, en application de l'article 40 du Code de procédure pénale (142).

S'agissant cette fois de la hiérarchie, « *en s'abstenant de toute initiative, le directeur de l'école, à qui incombait le contrôle du respect de leurs obligations statutaires par les professeurs-stagiaires, a implicitement accepté que ces obligations ne soient pas satisfaites* ».

Par conséquent, la responsabilité administrative de l'État était engagée : dommages-intérêts au profit de l'enseignant boudé. Certes, il aura été clairement privé de la possibilité d'exercer son activité professorale dans des conditions normales ; et il aura par ailleurs subi une atteinte à sa réputation de professionnel consciencieux et compétent (143).

---

141) Le commentateur d'un litige proche a pu écrire que : « *En obtenant des versements, auxquels ils n'avaient pas droit, de sommes financées sur les deniers publics, les prévenus se sont nécessairement rendus coupables du délit reproché. La question de l'élément moral de cette infraction n'est même pas évoquée. Il faut sans doute considérer que, au regard des fonctions auxquelles ils aspiraient, les prévenus ne pouvaient ignorer que leur comportement était abusif* » (Emmanuel DREYER, Détournement de fonds publics par personnes privées, Gaz. Pal. 16 févr. 2021, n° 396k6, p. 58).

142) Selon ce texte (al. 2) : « *Toute autorité constituée, tout officier public ou fonctionnaire qui, dans l'exercice de ses fonctions, acquiert la connaissance d'un crime ou d'un délit est tenu d'en donner avis sans délai au procureur de la République et de transmettre à ce magistrat tous les renseignements, procès-verbaux et actes qui y sont relatifs* ».

143) Cour administrative d'appel de Paris, 1ère chambre, 16 janvier 1989. Il lui fut alloué la somme de 5000 francs (769 € aujourd'hui).

Mais dans une autre espèce, l'État s'était plutôt défaussé sur l'enseignant ; ce dernier aura été rendu responsable de l'inassiduité de ses élèves (144).

8. – Des cotisations patronales pour réembauchages consécutifs à un licenciement et non pas à une démission.

Au sein d'une entreprise privée, l'employeur est certainement libre de sanctionner les salariés absentéistes. Mais cette faculté n'est pas forcément utilisable sans risque pour l'entreprise et son dirigeant, ainsi que le montre l'affaire ci-dessous, jugée par la Cour de cassation (27 janvier 1982).

Car la générosité patronale aura failli coûter des cotisations sociales (supplémentaires) à l'employeur. En l'espèce, *« lorsqu'arrivait la mauvaise saison les salariés concernés, tous d'origine étrangère, cessaient inopinément de travailler sans avoir avisé l'employeur en dépit des avertissements et mise en garde qui leur étaient adressés »*.

Les intéressés semblaient alors absentéistes ou même démissionnaires. Cela étant, ils ne réclamaient ni ne recevaient de bulletins de paie ; de certificats de travail ; ou de bulletins de congés payés. Or le printemps venu, tous demandaient (victorieusement) à être repris.

---

144) L'employeur public aura reproché l'absentéisme d'élèves à un professeur, lui-même également en formation. Ce stagiaire a toutefois crié à l'injustice et à l'aveuglement de sa hiérarchie. Car il exerçait dans un établissement situé en zone d'éducation prioritaire ; l'absentéisme y est en effet plutôt fréquent. Cette hiérarchie lui a cependant refusé l'entrée définitive au sein de l'Éducation Nationale. Et le juge administratif a validé cette décision, car lit-on dans l'arrêt rendu, « *ce motif n'apparaît pas comme le motif déterminant de sa non-titularisation* » (Cour administrative d'appel de Douai 8 juillet 2021, Contrôle du juge sur l'avis émis par le jury académique sur la titularisation d'un professeur stagiaire, *AJFP* 2021. 320).

Pour l'URSSAF, il s'agissait-là de licenciements suivis de réintégrations, dès lors soumis à cotisations.

L'employeur excluait cette conséquence, en concluant plutôt à une rupture du contrat du fait des salariés (145). C'est cette seconde analyse juridique que la cour d'appel de Paris (23 mai 1980) aura retenue ; avant d'être confortée par la Cour de cassation (27 janvier 1982) (146).

Au cas contraire, l'employeur eut dû supporter une obligation de contribuer à la Sécurité sociale ; alors qu'il avait déjà subi l'absentéisme plus ou moins ruineux de ses salariés fantasques. Son attitude accommodante aurait pu lui coûter. Ce qui arrive à d'autres contemplateurs d'absentéismes : les parents et assimilés.

B. - Le laxisme du parent ou assimilé

9. - Le jugement moral contre les élèves absentéistes et leurs parents.

L'État n'en finirait pas d'indemniser ses professeurs de lycées et collèges, si tous entendaient laver en justice l'affront qu'ils subissent du fait des désertions intempestives de leurs classes. Justement, ce sont plutôt les parents qui sont tenus et, plutôt envers l'État (amendes et emprisonnement).

---

145) La qualification juridique retenue induit ou non des cotisations et contributions sociales de l'employeur à l'URSSAF. Car celle-ci doit en percevoir si des indemnités (légales ou conventionnelles) de licenciement sont versées aux salariés tenus de quitter l'entreprise, sans avoir commis de faute (grave), et ayant donc rendus de bons et loyaux service pendant au moins 8 mois. Cf. Code du travail, art. L1234-9, ensemble l'article R1234-1 et s.

146) Cass. Soc., 27 janvier 1982, Société Caillette et Dony, pourvoi n° 80-14613, Bulletin, n° 50.

Car, pour nombre de politiques et de commentateurs, il apparaît particulièrement anormal que des élèves du primaire ou du secondaire déambulent sans gêne dans les rues et places ; parfois en pleine nuit. À les croire, ce problème pourrait être solutionné au moyen de *« contrôles dissuasifs »* et/ou de *« suppression des allocations familiales »* (147). Ils rajoutent l'action en justice comme troisième moyen de lutter contre la désertion des bancs d'écoles.

10. – La possibilité de sanctions pénales contre les parents d'élèves absentéistes.

Relativement à l'absentéisme de l'enfant (mineur), le Code pénal fulmine deux ans d'emprisonnement et 30.000 euros d'amende contre les père et mère (148). Tout au moins si le parent (le prévenu) ne convoque pas, pour sa défense, tel ou tel *« motif légitime »*.

---

147) ANONYME, J. C. Affaires sociales : Un problème d'avenir : l'absentéisme scolaire, *La Revue administrative,* 55e Année, n° 328 (juillet-août 2002), pp. 400-402, Presses Universitaires de France, https://www.jstor.org/stable/40774834. La préconisation aura connu un regain de succès à l'occasion des émeutes de 2023. Cf. : https://www.lepoint.fr/societe/eric-ciotti-souhaite-couper-les-allocations-aux-parents-des-emeutiers-04-07-2023-2527339_23.php; https://www.radiofrance.fr/franceinter/macron-envisage-de-sanctionner-financierement-les-familles-des-emeutiers-des-la-premiere-connerie-1118076.

148) Code pénal, article 227-17, alinéa 1. De fait : « *La lutte contre l'absentéisme [...] a aussi ravivé la répression administrative et pénale à l'égard des parents coupables de carence éducative. Mais le développement des systèmes de contrôle implique celui des moyens d'identification des usagers concernés qui a soulevé d'importantes questions quant aux limites des pouvoirs de l'Administration* » (André LEGRAND, L'actualité du droit applicable à l'enseignement primaire, Réformes et permanence des questions, La Semaine Juridique Administrations et Collectivités territoriales n° 37, 13 Septembre 2010, 2277).

Ce texte d'incrimination atténue encore sa propre rigueur en précisant que la passivité parentale devra avoir abouti à *« compromettre gravement la santé, la sécurité, la moralité ou l'éducation de son enfant mineur »* (149).

Mais quand un manquement est-il grave ou au contraire banalement négligeable ? La question se comprend surtout au regard des textes et arrêts qui surenchérissent en renvoyant pour leur part à « *de manquement d'une particulière gravité* ». En tous, une dame fut condamnée par la cour d'appel de Douai (15 février 2006) sur le fondement de cette disposition pénale.

Concrètement, ses deux enfants (des collégiens), s'adonnaient constamment à l'école buissonnière. Or cette mère n'arriva pas à justifier un pareil absentéisme scolaire récurrent. Dès lors, il se sera bien produit une *« soustraction à l'obligation légale compromettant l'éducation des enfants ».*

Le juge correctionnel souligna en plus que, non seulement cette mère n'était pas intervenue (afin que ses enfants retournassent au collège), elle les aura plutôt laissés *« livrés à eux-mêmes à la maison »* (150).

11. – La double peine pour le parent de l'absentéiste et l'insignifiance du résultat alors obtenu.

En prévoyant une condamnation pénale des père et mère, le législateur espère d'eux une meilleure conscience de leurs responsabilités parentales (151).

---

149) C'est en particulier la soustraction d'un parent à ses obligations légales et réglementaires envers son enfant mineur (Code pénal, art. 227-17).

150) Cour d'appel de Douai, 15 février 2006 : JCP 2006. IV. 2874.

151) Pierre ROUSSEAU, La responsabilité pénale des parents de mineurs délinquants ou criminels, Dalloz, 29 juin 2021.

Une auteure a même cru pouvoir soutenir que : *« La loi [désormais abrogée] n° 2010-1127 du 28 septembre 2010 visant à lutter contre l'absentéisme scolaire, semble plutôt viser à lutter contre les parents d'enfants absentéistes, tenus pour seuls responsables du comportement de leur enfant »* (152).

Mais cette disposition législative ressemble à une *« double peine »*. Car tous les géniteurs n'engendrent pas de charmants chérubins. Or le petit diable (qu'il faudra élever) sera peut-être rétif à toute autorité ; surtout que les parents sont désormais démunis de tout outil coercitif d'éducation (153).

D'ailleurs, malgré leur professionnalisme, les enseignants s'avouent eux aussi désarmés (154). Une autre auteure attire alors l'attention sur *« la symbolique que revêt, dans une phase ultime et pour un nombre infime de parents "récalcitrants" – selon les termes employés par les magistrats auditionnés – l'existence d'une sanction »* (155).

---

152) Sandrine TURKIELTAUB, absentéisme et décrochage, Association jeunesse et droit, *Journal du droit des jeunes*, 2011/4 n° 304, pages 12 à 15, https://www.cairn.info/revue-journal-du-droit-des-jeunes-2011-4-page-12.htm).

153) « *Dans le monde, 44 pays, dont 27 États européens, ont déjà voté l'interdiction de toute forme de punition corporelle* » (Valérie AVENA-ROBARDET, Pas de fessée éducative, AJ Fam. 2015. 119). De fait, « *Eron, chercheur américain, montrait, dès 1960, que les enfants les plus sévèrement punis par leurs parents étaient les plus agressifs à l'école, tandis qu'Hoffman décelait que les enfants qui recevaient des punitions corporelles avaient moins de considération pour les autres* » (Jacqueline CORNET, La nocivité des punitions corporelle : point de vue des scientifiques, AJ Fam. 2005. 226).

154) Yves MAYAUD, L'autorité disciplinaire des instituteurs, un impératif d'efficacité par la non-violence, *RSC* 2004. 87.

155) Maryse ESTERLE-HEDIBEL, absentéisme, déscolarisation, décrochage scolaire, les apports des recherches récentes, *Médecine & Hygiène, Déviance et Société,* 2006/1 Vol. 30, pages 41 à 65, https://www.cairn.info/revue-deviance-et-societe-2006-1-page-41.htm.

Dans les écoles, les élèves volontairement ancrés dans l'absentéisme subissent personnellement la sanction de l'exclusion temporaire, puis celle de l'exclusion définitive. Néanmoins, c'est alors une sorte de dispense de l'obligation scolaire qu'ils reçoivent. En effet, il y a étonnamment de la part de l'institution un octroi de temps libres à l'élève qui déjà s'en offrait lui-même à la sauvette.

12. – L'assimilation de tiers aux parents punissables pour l'absentéisme de l'enfant.

La seconde partie du (nouveau) Code pénal (de 1994) institue en outre une contravention de quatrième classe pour des faits d'évitement scolaire, imputables cette fois à des personnes pouvant ne pas être le père ou la mère du jeune absentéiste (156).

En vérité, leur contravention figurait déjà dans un décret de 1966 (157) ; il s'agit simplement aujourd'hui d'une codification à droit constant. Selon un professeur, cela aura été fait *« pour symboliquement en montrer l'importance »* (158).

---

156) Voici ce que prévoit l'article R624-7 : « *Le fait, pour l'un ou l'autre parent d'un enfant soumis à l'obligation scolaire ou pour toute personne exerçant à son égard l'autorité parentale ou une autorité de fait de façon continue, après avertissement donné par le directeur académique des services de l'éducation nationale agissant sur délégation du recteur d'académie et mise en œuvre des procédures définies à l'article R. 131-7 du code de l'éducation, de ne pas imposer à l'enfant l'obligation d'assiduité scolaire sans faire connaître de motif légitime ou d'excuse valable ou en donnant des motifs d'absence inexacts est puni de l'amende prévue pour les contraventions de la 4e classe [750 euros]* ». *L'alinéa 2 ajoute que « Le fait de faciliter, par aide ou assistance, la commission de la contravention prévue au présent article est puni des mêmes peines »*.

157) Décret de 1966 sur l'assiduité scolaire, qu'un décret 2004-162 du 19 février 2004 (JO 20 février, p. 3446 ; rectificatif in JO 13 mars, p. 4942.

158) Jean-François SEUVIC, Absentéisme scolaire, art. R 624-7, c. Pén, *RSC* 2004 p.395.

Néanmoins, la disposition contraventionnelle en question ne peut être comprise (intellectuellement parlant) qu'avec deux codes en mains : le code pénal et le code de l'éducation. Or, ajoute l'enseignant-chercheur précité, le second code aurait pu renfermer la sanction jugée nécessaire. En effet, pourquoi donc établir un code spécifique à une matière, si ce n'est par ailleurs pour y insérer ses éventuelles incriminations pénales propres (159).

En d'autres termes, le Code pénal devrait se limiter aux infractions communes, celles dont elle a justement déjà le monopole. Pour paraphraser mon maître (François GRUA) à propos du morcellement du droit privé, l'on dirait : *"Code pénal, Code résiduel ?"*(160).

13. – Les raisons de la sous-déclaration de l'absentéisme scolaire au parquet.

Comme il s'agit ici d'une infraction moins lourde que le délit, les juges pourraient régulièrement prononcer la peine d'amende contraventionnelle correspondante. Toutefois, les poursuites pénales pour école buissonnière supposent que le ministère public soit au courant de cet absentéisme scolaire.

D'où la nécessité d'une seconde supposition (ou condition) ; à savoir que le monde enseignant veuille bien transmettre l'information au parquet. Selon des auteurs en effet : *« il faudrait une coopération Éducation-Justice, difficile à mettre en œuvre (on conçoit les hésitations des enseignants dans le climat de violence actuelle) »* (161).

---

159) Daniel LABETOULLE, « Le mérite d'un code tient d'abord à son utilité concrète », *AJDA* 2022. 428.

160) François GRUA, Le Code civil, code résiduel ?, *RTD civ.* 2005. 253.

161) ANONYME, J. C. Affaires sociales : Un problème d'avenir : l'absentéisme scolaire, *La Revue administrative,* 55e Année, n° 328 (juillet-août 2002), pp. 400-402, Presses Universitaires de France, https://www.jstor.org/stable/40774834.

Ce propos prudent date d'une vingtaine d'années déjà ; c'est-à-dire d'une époque où peu d'enseignants souffraient déjà de la violence des élèves et/ou de leurs familles (162). Heureusement, quelques mauvais comportements juvéniles conduisent forcément en conseil de discipline (163). L'administration dispose en l'occurrence d'un pouvoir discrétionnaire, et non pas d'une simple compétence liée.

14. – La distinction entre pourvoir discrétionnaire et compétence liée d'une administration.

Pour comprendre cette distinction, il faudrait par exemple songer à un jury d'examen. D'une part, celui-ci doit forcément déclarer admis le candidat qui remplit les critères prédéfinis, généralement une moyenne supérieure ou égale à 10/20. On parle alors de compétence liée.

---

162) Un professeur (Samuel Paty) a été décapité (16 octobre 2020), avec la complicité d'élèves, au sortir de son collège (de Conflans-Sainte-Honorine). Son tort aura été de montrer des images jugées blasphématoires par un terroriste islamiste. Selon une revue syndicale, « *Si les violences à l'école sont un phénomène aussi vieux que l'institution, elles ont été remises en lumière ces dernières années par des faits à la fois graves et très médiatisés. Ces violences en milieu scolaire se manifestent sous différentes formes : parfois physique (les plus graves), mais surtout verbale. Les médias se focalisent sur les actes les plus graves, mais, en réalité, il s'agit d'une succession de petites violences répétées, journalières, le plus souvent verbales : entre les simples « incivilités » (insultes et menaces) et les faits tragiques, la violence en milieu scolaire se manifeste de manière très diverse* » (https://www.autonome-solidarite.fr/articles/violences-scolaires-une-realite-complexe-des-reponses-encore-insuffisantes/).

163) « *[...] si, dans le silence des textes, l'autorité administrative compétente apprécie l'opportunité des poursuites en matière disciplinaire, aucun principe général du droit ne fait obstacle à ce qu'un texte réglementaire prévoie que, dans certaines hypothèses, des poursuites disciplinaires doivent être engagées* » (CONSEIL D'ÉTAT, Assemblée, 06 juin 2014, n° 351582, FCPE et UNL c/ Ministre de l'Éducation).

En revanche, ce jury bénéficie d'une plus grande marge d'appréciation à l'égard des candidats dont la moyenne n'atteindrait pas le seuil de 10/20. Il s'agit pour lui d'une liberté d'accorder ou de refuser l'admission. C'est cela le pouvoir discrétionnaire.

Il faut note que « *la distinction entre pouvoir discrétionnaire et compétence liée est une des plus traditionnelles et des plus classiques du droit administratif français puisque c'est à la suite de Laferrière que les auteurs de droit administratif opposent ces deux situations antithétique* » (164).

Toutefois, l'on ne saurait confondre le pouvoir discrétionnaire avec un pouvoir arbitraire, lequel se déploierait déraisonnablement. Par exemple, le jury ne se croira jamais autorisé à se montrer indulgent envers des candidats particulièrement médiocres dont la moyenne serait inférieure à 09/20.

Plus généralement, dans un État de droit, (presque) toutes les dispositions peuvent faire l'objet d'un contrôle juridictionnel (165). Celui-ci pouvant n'être qu'un « *contrôle minimum* » encore dit « *contrôle restreint* ».

---

164) Pierre PY, Pouvoir discrétionnaire, compétence liée, pouvoir d'injonction, *D.* 2000. 563 ; Catherine BOBKO, Opérance ou inopérance ? *AJDA* 2022. 1833.

165) Yves STRICKLER, Mesures d'instruction, entre pouvoir discrétionnaire et pouvoir souverain, Procédures n° 6, Juin 2022, comm. 143. Thibault DESMOULINS, Les actes de gouvernement, entre pouvoir discrétionnaire et interdiction de l'arbitraire, Droit Administratif n° 1, Janvier 2023, comm. 1. Bien sûr que l'on ne saurait confondre actes DE gouvernement et actes DU gouvernement.

L'INVOCATION DE LEUR DROIT DE NUIRE PAR LES GRÉVISTES

Clotaire MOULOUNGUI
Maître de conférences hors classe à l'ULCO (académie de Lille)
Ancien Chef du Département Gestion des Entreprises et des Administrations
Responsable de la licence professionnelle Métiers de la Gestion et du Social

Résumé : D'après la Déclaration des droits de l'homme et du citoyen, la liberté de chacun commence celle des autres. Puisque le droit de grève existe, il entre dès lors en confrontation avec les droits de l'employeur ainsi qu'avec ceux de tiers. Relativement à l'employeur, la jurisprudence invite à distinguer selon que les préjudices dont il se plaint résultent d'une désorganisation de l'entreprise, plutôt que d'une organisation de la production. Car, le droit à indemnisation pourrait être reconnu dans l'un de ces deux cas.

Mots clefs : Grève ; préjudice à autrui ; exonération ; droit de nuire ; indemnisation par l'employeur ; indemnités dues à l'employeur.

Abstract : According to the Declaration of the Rights of Man and of the Citizen, the freedom of each individual begins with that of others. Since the right to strike exists, it therefore conflicts with the rights of the employer as well as those of third parties. Regarding the employer, case law suggests a distinction between whether the harm complained of results from the disruption of the company, rather than from the organization of production. The right to compensation could be recognized in either of these two cases.

Keywords : Strike; harm to others; exemption; right to cause harm; compensation by the employer; compensation due to the employer.

1. – Le concept baroque d’un droit de nuire à autrui au moyen de la grève.

D’après la Déclaration des droits de l’homme et du citoyen, la liberté de chacun commence celle des autres. Puisque le droit de grève existe, il entre dès lors en confrontation avec les droits de l’employeur ainsi qu’avec ceux de tiers.

Relativement à l’employeur, la jurisprudence invite à distinguer selon que les préjudices dont il se plaint résultent d’une désorganisation de l’entreprise, plutôt que d’une organisation de la production (166). Car, le droit à indemnisation pourrait être reconnu dans l’un de ces deux cas.

A. – Le conflit entre droits du patron et du travailleur

2. – L’analyse inopportune des grèves comme des prises d’otages.

Le mouvement de grève porte parfois bien mal son nom ; car la grève devrait toujours consister en un immobilisme professionnel, c’est-à-dire ne plus rien faire au profit de l’employeur. Concrètement, par l’inexécution de leurs missions, les travailleurs aboutissent au blocage de leur employeur, et même de quelques uns de ses partenaires.

Plus généralement, de nombreux tiers se trouveront freinés dans leurs activités diverses. À croire une rengaine populaire et journalistique, ces diverses victimes seraient alors prises en otage (167).

---

166) Selon deux professeurs, « *toute grève désorganise l’entreprise. N’est-ce pas même l’un des objectifs ou en tous cas l’un des moyens de la grève, et ce pour faire pression sur l’employeur ?* » (Elsa PESKINE et Cyril WOLMARK, Droit du travail 2024, HyperCours, Dalloz, n° 873).

167) « Nouvelle grève du RER pour France-Danemark : « *Une prise en otage des évènements auxquels les Français sont attachés », regrette Christophe Béchu* » (Romain DAVID, 01 juin 2022, https://www.publicsenat.fr/article/societe/nouvelle-greve-du-rer-pour-

Une pareille référence apparaît choquante, sauf peut-être en cas de séquestration d'un manager dans son bureau (168). Or en pratique : « *Sur les lèvres d'une poignée de responsables politiques, de polémistes mais aussi de citoyens agacés, la formule est en vogue. [...]. Cas de conscience. Peut-on parler de «prise d'otages» pour évoquer la situation des usagers pendant la grève des transports publics ?* » (169).

Il est renchérit que « *Les mouvements de grève entraînent des désagréments pour des usagers qui n'ont aucune part au conflit. Peut-on pour autant comparer les grévistes à des preneurs d'otage* » (170). Au total, « *L'expression préférée de l'opposition aux grèves est devenue délicate à manier depuis les attentats du 13-Novembre* » (171).

3. – Les objectifs défendables d'une grève de travailleurs.

L'objectif des grévistes est bien l'arrêt du fonctionnement de leur entreprise ou de leur administration. Le concept de grève générale

---

france-danemark-une-prise-en-otage-des-evenements). « *Prise d'otages, manque de compassion : la grève SNCF ne passe pas pour Estelle Midi* », https://rmc.bfmtv.com/replay-emissions/estelle-midi/prise-d-otages-manque-de-compassion-la-greve-sncf-ne-passe-pas-pour-estelle-midi_AV-202112150571.html.

168) Geneviève PIGNARRE, À propos des séquestrations, Rev. trav. 2010. 357.

169) Marine GODELIER, 09/01/2020, https://www.la-croix.com/Debats/Forum-et-debats/Faire-greve-est-prendre-autres-otages-2020-01-09-1201070641

170) ANONYME, De la différence entre une grève et une prise d'otage, 25 juin 2019, https://blogs.mediapart.fr/dcaute/blog/250619/de-la-difference-entre-une-greve-et-une-prise-d-otage).

171) Antoine HASDAY, 15 juillet 2019, Attention au mauvais usage de la métaphore «*prise d'otages*» en politique, http://www.slate.fr/story/179658/prise-otage-greve-copies-baccalaureat-education-professeur.

renvoie d'ailleurs à l'interruption complète de l'activité du secteur économique concerné, voir de la Nation tout entière (172).

La réponse au mouvement de grève peut n'être qu'une dédaigneuse inaction ou indifférence patronale. Il s'agira en effet d'ignorer les revendications, en espérant *« un pourrissement de la situation »*. Ce qui sera toutefois de nature à exaspérer les intéressés et à les pousser à la faute.

À cet égard, rappelle un professeur : *« Dans Germinal Zola dénonce toute une série de comportements antisociaux destinés à briser la résistance ouvrière : le recours au chômage technique et le pourrissement du conflit pour diminuer la production et faire remonter les cours du minerai, mais également pour pousser les grévistes à la faute afin de justifier une répression énergique et un abaissement des salaires »* (173).

Le silence ou la réponse aux revendications n'empêche point un préjudice à autrui, du moment qu'il y aura eu cessation de l'activité. Alors, les victimes songeront probablement à mettre en œuvre leur droit constitutionnel d'obtenir des dommages-intérêts. Leur espoir

---

172) Jean-Marc VIÉ, Grève générale [en Martinique] et responsabilité de l'État du fait des attroupements et rassemblements, AJDA 2012. 816. L'auteur, Premier conseiller à la cour administrative d'appel de Bordeaux rappelle que : « *L'île de la Martinique a connu, à partir du 5 février 2009, une grève générale largement médiatisée, faisant suite à celle qui avait été initiée en Guadeloupe le 20 janvier 2009. Les revendications principales de cette « grève contre la vie chère » étaient une baisse des prix jugés abusifs de certains produits de base, comme le carburant et l'alimentation, ainsi qu'une demande de revalorisation des bas salaires. La grève a paralysé pendant un mois et demi tous les secteurs, privés et publics, notamment les stations-service, les petits comme les grands commerces, les hôtels et les industries liées au tourisme, les établissements scolaires et les transports publics* ».

173) Christophe RADÉ, Émile Zola et le roman ouvrier, Droit social 2015. 313.

sera fréquemment vain, car le recours à la grève constitue lui aussi un droit constitutionnel. Sauf en cas d'illicéité avérée (174).

4. – Les deux raisons d'un refus du recours de l'employeur contre les grévistes.

Un vieux traité de droit du travail (autrefois régulièrement actualisé) énonce que : *« la responsabilité des grévistes peut être mise en jeu dans les conditions de droit commun en raison des actes, détachables de la grève ; commis au cours du conflit, et notamment en raison d'actes délictueux »* (175).

Le gréviste ne répond donc nullement des préjudices qui ne sont que la conséquence logique et normale de la grève ; il est exonéré pour ces dommages. Deux explications sont tentées (176). D'une part, les comportements fautifs du salarié entrent dans les risques inhérents

174) La licéité de la grève découle « *de l'appréciation faite par les juges de l'exercice pratique de ce droit. À ce niveau, le rapprochement entre services publics et entreprises du secteur privé est sensible. La licéité est la frontière de l'exercice permis de la grève. Au-delà le mouvement peut être condamné collectivement sur le fondement de l'illicéité ou de la disqualification et individuellement sur le fondement de l'abus de droit* » (Annette GANZER, La Licéité de la grève dans les entreprises du secteur privé et dans les services publics, Th. droit privé, Nancy 2, 1993, Résumé).

175) Paul DURAND et André VITU, *Traité de droit du travail*, t. 3, p. 871, no 302. La disqualification de la grève en arrêt de travail illicite prive le salarié de la protection offerte aux grévistes par l'article L. 2511-1 du Code du travail. En conséquence de quoi l'employeur peut sanctionner sévèrement les intéressés même en l'absence de faute grave. Et ces sanctions pour s'abattre sur quelques uns seulement, sans que l'on puisse valablement crier à la discrimination] (Gilles AUZERO, Dirk BAUGARD et Emmanuel DOCKÈS, *Droit du travail, Précis Dalloz*, 2018, n° 1507).

176) Patrice ADAM, Grève dans le secteur privé, Effets de la grève sur les relations de travail, *Répertoire de droit du travail*, octobre 2020, n° 244.

à toute exploitation, dès lors qu'ils ne découlent pas de la malice (177).

D'autre part, le salaire a un caractère alimentaire, d'où la crainte d'en priver (insouciamment) ses bénéficiaires.

5. - La limitation des prérogatives des grévistes dans les droits étrangers.

D'après un auteur : « *Par hypothèse, l'arrêt de travail des salariés d'une entreprise nuit nécessairement à l'employeur : perte de production, manque à gagner, risque de perte de clientèle... Plus le pouvoir de nuisance des grévistes est important, plus ils ont de chances de voir leurs revendications aboutir* » (178).

Certes, une telle issue dommageable ne se conçoit nullement dans beaucoup de droits étrangers. Au COSTA RICA, le droit de grève existe théoriquement. Néanmoins, le législateur paraît comploter contre ce droit, au point de le relégué à l'ineffectivité. Car, 60% des travailleurs doivent y participer et avoir au préalable vainement engagé une conciliation judiciaire.

De plus, pendant que la grève sera ainsi suspendue par la procédure entamée, l'employeur pourra recourir au lock-out. Enfin, la grève est exclue dans le service public, entendu au sens le plus large possible (179).

D'un autre côté, « *au SÉNÉGAL, le législateur, sous prétexte des réalités locales, mais aussi de la nécessité du développement, a instauré un droit des relations collectives de travail en général, et des conflits*

---

177) « *La Cour de cassation laisse entendre qu'en l'absence d'une volonté clairement perceptible chez les grévistes de nuire à l'entreprise, la grève doit être considérée comme licite* » (Georges BORENFREUND, Sont illicites les arrêts de travail répétés qui désorganisent l'entreprise, D. 1990. 168).

178) Henri PESCHAUD, La grève, un droit de nuire sui generis, *LPA* 9 mai 2012, n° PA201209304, p. 7.

179) Edgar ALFARO MUNOZ, *Étude comparée du droit de grève (Costa Rica - France)*, Th. droit privé, Paris 2, 1994, Résumé.

collectifs du travail en particulier, fondée sur une conception assez particulière du syndicalisme, qui vise à accentuer leur responsabilité (sans pour autant occulter celle des grévistes) et qui finalement, aboutit à une limitation du droit de grève, qu'on jugera excessive » (180).

En France, la grève a d'ailleurs connu une certaine évolution, laquelle l'aura fait passer du délit de coalition à un droit constitutionnellement garanti. Entre les deux, il y aura eu l'étape de la grève considérée comme une simple faute contractuelle (181).

B. – Le type de désorganisation permise aux grévistes

6. – La désorganisation de la production et/ou de l'entreprise par la grève.

La jurisprudence tire un effet différent de la désorganisation de la production et de la désorganisation de l'entreprise. C'est le second cas de figure qui lui apparaît reprochable aux grévistes. La réparation semble ainsi pouvoir être espérée par l'employeur. Encore que cette distinction soit difficile à cerner (182).

Car, une entreprise désorganisée aura du mal à produire. Et, une production désorganisée perturbe certainement la marche de l'entreprise. Il n'empêche que cette dichotomie aura été à l'œuvre

---

180) Birame DIOUF, Les Responsabilités à l'occasion des conflits collectifs de travail : une étude du droit sénégalais des conflits collectifs à la lumière du droit français, Th. droit privé, Cergy-Pontoise, 2010.

181) « *Délit pénal puis faute contractuelle, la grève est devenue un droit constitutionnel en France et au Bénin* » (Cossi QUENUM, L'encadrement juridique du droit de grève : étude comparée Benin – France, Th. droit privé, Bordeaux, 2017, Résumé).

182) « *Il n'est pas aisé, en effet, de tracer précisément la ligne de partage entre les perturbations qui affectent la production et celles qui touchent l'entreprise* » (Georges BORENFREUND, Sont illicites les arrêts de travail répétés qui désorganisent l'entreprise, D. 1990. 168).

dans un conflit où des revendications professionnelles n'avaient pu être satisfaites. Concrètement, 45 arrêts de production s'en suivirent, répartis inégalement dans trois périodes, toutes survenues entre le 20 mars 1981 et le 24 avril 1981 (183).

Selon la cour d'appel d'Angers (17 novembre 1986), *« si l'action de grève entreprise avait bien eu pour objet d'appuyer la négociation sur des revendications professionnelles régulièrement formulées, le type d'action choisi et régulièrement maintenu entraînait une désorganisation grave de la production et qu'une telle action constituait à l'évidence un abus de droit de grève qui, dans les circonstances de l'espèce, conférait à celle-ci un caractère illicite engageant la responsabilité de ses auteurs »*.

Mais l'arrêt correspondant fut cassé (30 mai 1989). Car : *« la grève entraîne nécessairement une désorganisation de la production et qu'il ne résulte pas des constatations des juges du fond que les arrêts de travail répétés avaient entraîné une désorganisation de l'entreprise elle-même, qui eût seule rendue la grève illicite »* (184).

183) Les débrayages répétés n'ont pas les faveurs de la doctrine. Par exemple : Marc VÉRICEL, L'exercice normal du droit de grève, *Dr. soc.* 1988. 674 ; Annette GANZER, *La Licéité de la grève dans les entreprises du secteur privé et dans les services publics*, Th. droit privé, Nancy 2, 1993, Résumé. La Cour de cassation a néanmoins jugé que « *la répétition des arrêts de travail, même de courte durée, ne constitue pas un abus du droit de grève dès lors que ces arrêts n'entraînent pas la désorganisation de l'entreprise* » (CASS. SOC., 10 juillet 1991, n° 89-43.147, Société auxiliaire d'entreprises de la région parisienne). Conclusion : « *Le principe de la licéité des grèves courtes et répétées doit être concilié avec l'affirmation du caractère abusif de certaines de ces grèves si elles conduisent à une désorganisation complète de l'entreprise* » (Gilles AUZERO et autres, précités, n° 1499).

184) CASS. SOC., 30 mai 1989, n° 87-10.994, syndicat CGT c/ Société Le Tabac reconstitué industries.

7. – La responsabilité pour désorganisation de l'entreprise et l'exonération pour désorganisation de la production.

Dans l'affaire ci-dessus, il était revenu à la cour d'appel de Rennes (10 mai 1991) de rejuger l'affaire au titre de juridiction de renvoi. L'employeur en aura profité pour démontrer sa souffrance d'une *« désorganisation grave et anormale de l'entreprise »*. Car, hormis les temps de travail improductifs, seront survenus : des gaspillages d'énergie ; des frais fixes ; des perturbations dans l'organisation du travail ; une surcharge de la station d'épuration.

Il invoqua enfin l'augmentation des contrôles opérés par le laboratoire sur le produit fabriqué, dont la qualité risquait d'être altérée par les arrêts, cette altération provoquant à son tour mécontentement et procès de la clientèle. Mieux, selon le pourvoi contre cet arrêt rennais, la condition prétorienne d'une désorganisation de l'entreprise était certainement remplie.

En effet, *« les arrêts de travail litigieux avaient désorganisé totalement les circuits de commercialisation et, entraînant la saturation des installations de stockage des déchets, avaient finalement contraint la société à prendre la décision d'arrêter la production le 25 avril 1981, ce qui établissait que l'ensemble de l'entreprise avait été effectivement désorganisé »*.

Mais rejet du nouveau pourvoi (07 avril 1993), au motif que : *« les arrêts successifs de travail avaient seulement provoqué une désorganisation de la production, tandis que l'entreprise, elle-même, qui n'avait pas perdu sa clientèle, n'avait pas été désorganisée »* (185).

La désorganisation pouvait ainsi se révéler en aval du fonctionnement de l'entreprise. À croire un auteur, cet arrêt de rejet aura davantage

185) CASS. SOC., 7 avril 1993, n° 91-16.834, Société Le Tabac reconstitué, devenue Société LTR Industrie.

été rendu en fait (plutôt qu'en droit). Son explication est que les grévistes sont apparus comme étant protecteurs de l'outil de production (186).

Une sollicitude comparable est susceptible de bénéficier à l'absentéiste sans grade.

8. – L'exclusion de la qualification de désorganisation de l'entreprise malgré les agissements des grévistes.

La Cour de cassation (5 juillet 1995) avait eu à rejeter un pourvoi (qui criait à l'abus du droit de grève) au motif que *« les salariés avaient cessé leur travail en vue d'appuyer des revendications professionnelles, et que leur mouvement de grève, s'il avait rendu l'exploitation des lignes, très onéreuse et plus difficile, n'avait pas abouti à une désorganisation de l'entreprise »* (187).

Vingt ans plus tard, l'on pouvait douter qu'elle se déjugeât concernant une affaire de grève de transports de voyageurs, dans laquelle la grève reprenait toutes les 55 minutes. En l'espèce, les passagers se devaient parfois de descendre du véhicule collectif pour continuer leur chemin à pied. De sorte que des collégiens, des vieillards et d'autres usagers se sont souvent retrouvés au milieu de nulle part.

---

186) « *Ont certainement forcé la conviction de la Cour de cassation : le soin avec lequel les salariés avaient assuré le maintien en état de marche des machines, le caractère non inopiné des arrêts de travail, l'état de blocage des négociations, l'absence d'atteinte à la liberté du travail, le maintien d'un service normal, entre chaque interruption* » (Georges BORENFREUND, Sont illicites les arrêts de travail répétés qui désorganisent l'entreprise, D. 1990. 168).

187) CASS. SOC., 5 juillet 1995, n° 93-20.402, Société nouvelle d'armement transmanche (SNAT). Outre qu'il n'y avait pas abus du droit de grève, l'employeur devait remplir son engagement de verser un salaire aux non-grévistes. Car, en l'espèce, « *la SNAT ne s'était pas trouvée dans une situation contraignante [...] ; [dès lors la cour d'appel de Paris] aura exactement décidé que cette entreprise n'était pas dégagée de son obligation de fournir un travail à ses salariés* ».

L'invocation de leur droit de nuire par les grévistes

De plus, ces interruptions litigieuses du trafic survenaient imprévisiblement, d'un côté ou de l'autre d'une ligne. Il était par conséquent difficile de positionner des bus et des tramways de secours au bon endroit. L'employeur a dès lors convaincu la cour d'appel de Rouen (19 novembre 2013) qu'il y avait eu désorganisation de l'entreprise, et donc abus du droit de grève. Mais pour la Cour de cassation (30 juin 2015), peu importait que cette modalité de grève fut si difficile à obvier (188).

Elle a plus exactement proclamé que : *« l'empêchement pour l'employeur, résultant des modalités de la grève définies dans un préavis régulier, d'organiser un plan de transport et d'information des usagers ne constitue pas un abus du droit de grève caractérisant un trouble manifestement illicite ».*

9. – La qualité d'usager comme obstacle à une indemnisation pour grève.

Les usagers du service public paraissent moins fondés à solliciter une indemnisation. Car ils ont la qualité juridique de partie intéressée, et pas celle de tiers étranger. Selon un auteur en effet, *« les usagers des services publics en grève ne sont pas des tiers au conflit ; au contraire, ils en sont le pivot, l'enjeu, et doivent être considérés comme un des trois acteurs du conflit »* (189).

---

188) La Cour de cassation (30 juin 2015) a censuré l'arrêt rouennais au visa de l'alinéa 7 du préambule de la Constitution du 27 octobre 1946, ensemble l'article L1222-4 du code des transports. La juridiction en tire le principe suivant : « *l'obligation légale faite à l'employeur, entreprise chargée d'un service public de transport terrestre de personnes, d'élaborer un plan de transports et d'information des usagers et de garantir un service minimum ne peut permettre de limiter l'exercice du droit de grève en l'absence de disposition légale l'interdisant et de manquement à l'obligation de négocier* » (CASS. SOC., 30 juin 2015, 14-10.764, Syndicat CGT c/ Société La Compagnie de transport de la porte océane).

189) Philippe TERNEYRE, Grève dans les services publics, *Répertoire de droit du travail*, janvier 2016, n° 479.

D'un autre côté, l'engagement de la responsabilité extracontractuelle des grévistes échouerait à coup sûr. Pourquoi ? Parce que ces derniers se seront contentés d'utiliser sagement leur droit constitutionnel de faire grève (190). On en revient à l'existence d'un droit de nuire des grévistes.

Alors qu'il est classique que l'usage par une personne de son droit avec abus l'expose à devoir s'expliquer devant le juge de la responsabilité, le droit des grévistes a failli devenir absolu.

10. – La volonté contrecarrée du législateur quant à une immunité des grévistes.

Pour écarter tout doute sur l'impossibilité du moindre recours en indemnisation contre les grévistes, une loi socialiste de 1982 avait cru opportun de le mentionner noir sur blanc. Mais, cette loi fut victorieusement déférée au Conseil constitutionnel. Cela, alors qu'elle mettait quand même à part « *les actions en réparation du dommage causé par des faits manifestement insusceptibles de se rattacher à l'exercice du droit de grève et du droit syndical* ».

L'exception ainsi posée n'aura toutefois pas suffit. En effet, d'après le Conseil constitutionnel : « *le souci du législateur d'assurer, par un régime de quasi-irresponsabilité, l'exercice effectif du droit de grève et du droit syndical ne saurait justifier la grave atteinte portée au principe d'égalité* » (191).

---

190) « *Attendu que la cessation collective et concertée du travail en vue d'appuyer des revendications professionnelles caractérise l'exercice du droit de grève ; que la commission, par certains grévistes, d'actes illicites au cours de leur mouvement ne modifie pas la nature de ce dernier : que ce n'est qu'au cas où la grève entraîne la désorganisation de l'entreprise qu'elle dégénère en abus* ». Philippe WAQUET, Abus de droit de grève et responsabilité, Droit social 1995. 183. Cass. Soc., 4 novembre 1992 ; Gilles AUZERO et autres précités, n° 1543.

191) CONSEIL CONSTITUTIONNEL, Décision no 82-144 DC du 22 octobre 1982, *D. 1*983. 189, note F. Luchaire.

De fait, le législateur avait complètement perdu de vue les intérêts des victimes possibles de la grève. En définitive, l'article 1382 du Code civil [par la suite renuméroté 1240 en 2016] demeurait applicable.

11. – Le défaut de qualité de commettant des syndicats (dès lors seulement) soumis à une responsabilité personnelle.

Deux semaines après, le rejet, par le Conseil constitutionnel, d'un principe d'immunité des grévistes et des syndicats, la Cour de cassation (9 novembre 1982) s'est engouffrée dans la brèche, au moyen de deux arrêts (Bubigeon, d'une part, Normandie et Trailor, d'autre part) (192).

Un auteur résume les choses en ces termes : *« si la responsabilité civile d'un syndicat ne peut en principe être engagée à l'occasion de l'exercice du droit de grève constitutionnellement reconnu, notamment du fait du préjudice indirect subi par des tiers, il en est autrement lorsque le syndicat a effectivement participé à des agissements constitutifs d'infractions pénales ou à des faits ne pouvant se rattacher à l'exercice normal du droit de grève »* (193).

Cette jurisprudence aura par la suite été reconduite par la Chambre sociale de la Cour de cassation (6 février 1985). Il s'est agit de condamner un syndicat de pilotes à payer des dommages et intérêts

---

192) Cass. Soc., 9 novembre 1982, Pourvoi n° 80-16.929, Société Dubigeon-Normandie, Bulletin, n° 615 : « Les syndicats et les délégués syndicaux ne pouvaient du seul fait de leur participation à l'organisation d'une grève licite être déclarés responsables de plein droit de toutes les conséquences dommageables d'abus commis au cours de celle-ci ». Selon le même arrêt, *« les syndicats n'étaient pas les commettants des grévistes, que ceux-ci exerçaient individuellement le droit de grève, et qu'il n'apparaissait pas que les syndicats aient, par instructions ou par tout autre moyen, commis des fautes en relation avec les dommages invoqués »*.

193) P. Ray-Daffix, Obligation in solidum et droit de grève, *LPA* 5 avril 1991, p. 10.

à la compagnie Air Inter. Cette compagnie (depuis disparue) disait avoir subi un préjudice du fait d'un arrêt de travail déclenché en violation des dispositions du Code du travail qui imposent de respecter un délai de préavis (194).

---

194) CASS. SOC. 6 février 1985, Bull. civ. V, no 82 ; l'arrêt a été rendu sur la base de l'article L. 521-3, devenu l'article L. 2512-2 du code du travail. On lira dans le même sens, l'arrêt de la même chambre, rendu le 26 janvier 2000 (Électricité de France (EDF) en Corse, n° 97-15.291, Bull. civ. V, no 38). Il y est écrit que : « *les juges du fond [COUR D'APPEL Bastia, 27 février 1997], après avoir constaté que les syndicats avaient été constamment les instigateurs et les organisateurs de ce mouvement et qu'ils en avaient assuré la maîtrise et la poursuite, en incitant par des directives l'accomplissement des actes fautifs par les agents qui participaient au mouvement, ont justement retenu la responsabilité de ces syndicats ; Et attendu, enfin, que l'arrêt n'a condamné, en l'état, les syndicats qu'à la réparation de la perte subie par EDF et résultant directement du fait du blocage sur leurs instructions directes du système de tarification heures pleines-heures creuses ; d'où il suit que l'arrêt, qui a caractérisé la faute des syndicats et le lien de causalité entre cette faute et le préjudice constaté et réparé, n'encourt aucune des critiques des deux moyens et que ceux-ci ne sont pas fondés* ». A rapprocher avec, CASS. SOC., Pourvoi n° 14-14.226, 11 juillet 2016, Société Air France. « *[...] la société a saisi le tribunal de grande instance aux fins de condamnation de ces syndicats, in solidum, au paiement de la somme de 484.719,32 euros, à titre de dommages et intérêts en réparation du préjudice causé par le mouvement qu'ils avaient déclenché* ». En l'occurrence, le Syndicat Sud Aérien encourageait les salariés à ne pas remplir un document pourtant désormais exigé par les autorités. Or, dit la Cour de cassation, « *la grève est la cessation collective et concertée de travail en vue d'appuyer des revendications professionnelles ; qu'elle ne peut, dès lors, être limitée à une obligation particulière du contrat de travail* ». C'est un tract, non démenti, qui y incitait, en précisant le mal-fondé juridique de l'exigence patronale. Dès lors, « *le syndicat avait engagé sa responsabilité à l'égard de l'employeur* ». La décision ne permet pas de savoir quel aura été le montant des dommages-intérêts. On note simplement que « *le syndicat Sud aérien fait grief à l'arrêt de le condamner à payer à la Société Air France des sommes pour perte d'heures productives et pour le recours à la sous-traitance* ». Or, il était demandé 484.719,32 €

L'invocation de leur droit de nuire par les grévistes

La responsabilité des grévistes est solidaire ou (faute de texte spécifique) une responsabilité in solidum (195).

---

195) La Cour de cassation (06 juin 1989) a rejeté un pourvoi introduit contre un jugement du conseil de prud'hommes de Montbrison (12 novembre 1986). Car cette juridiction, « *ayant [...] caractérisé la participation individuelle des sept grévistes en cause à l'entrave apportée dès le 2 mars 1982 à la liberté du travail de l'ensemble du personnel, le conseil de prud'hommes a donné une base légale à sa décision de les condamner in solidum à la réparation d'un préjudice dont il a souverainement constaté l'existence* » (CASS. SOC., 06 juin 1989, pourvoi n° 87-40738, Câbleries de Saint-Etienne et phocéenne).

LES SOUFFRANCES MATÉRIELLES ET PSYCHOLOGIQUES DE L'ILLETTRÉ

Clotaire MOULOUNGUI
Maître de conférences hors classe à l'ULCO (académie de Lille)
Ancien Chef du Département Gestion des Entreprises et des Administrations
Responsable de la licence professionnelle Métiers de la Gestion et du Social

Résumé : De n'avoir point suivi d'études avec succès provoque ou favorise, dans la suite de la vie, vexations et humiliations. En tous cas, suivre une formation ou changer d'orientation professionnelle bute contre l'assignation logique des analphabètes au travail manuel, et à proximité de leurs masures. En vérité, personne ne veut passer pour un ignorant (connaissances insuffisantes) ; ou pour un illettré (oubli de ses rudiments scolaires) ; et moins encore pour un analphabète (jamais scolarisé).

Mots clefs : illettrisme ; formation professionnelle continue ; travail manuel ; intérêt d'un diplôme.

Abstract : Failure to successfully complete an education causes or promotes, later in life, vexations and humiliations. In any case, pursuing training or changing career paths runs counter to the logical assignment of illiterate people to manual labor, and close to their hovels. In truth, no one wants to be seen as ignorant (insufficient knowledge); or illiterate (forgetting their basic schoolwork); and even less so as illiterate (never having attended school).

Key words: illiteracy; continuing vocational training; manual labor; value of a diploma.

1. – Les agressions verbales parfois involontaires contre les illettrés.

De n'avoir point suivi d'études avec succès provoque ou favorise, dans la suite de la vie, vexations et humiliations. Par exemple, à l'époque où il était ministre de l'Économie, Emmanuel Macron avait choqué en attirant l'attention sur leur défaut de maîtrise de l'écriture par les salariés de l'abattoir GAD Jocelin (dans le Morbihan) (196).

Il se trouve que leur entreprise était engluée dans une cessation des paiements, et se rapprochait de la liquidation judiciaire (197). Ce ministre avait alors soutenu que les objectifs (généraux et généreux) de reconversion, ainsi que de mobilité professionnelle et/ou géographique, étaient illusoires pour des personnes illettrées comme l'étaient la plupart des salariés en question.

Car, suivre une formation ou changer d'orientation professionnelle bute contre l'assignation logique des analphabètes au travail manuel, et à proximité de leurs masures. En vérité, personne ne veut passer pour un ignorant (connaissances insuffisantes) ; ou pour un illettré (oubli de ses rudiments scolaires) ; et moins encore pour un analphabète (jamais scolarisé). En tous cas, un tollé national s'en était suivi. D'où des excuses humblement présentées par ce ministre (198).

---

196) Emmanuel Macron a aussi eu la maladresse de dire qu'une gare était un endroit où l'on croisait ceux qui avaient réussi et ceux qui n'étaient rien. Songeait-il à l'avoir, ou bien plutôt à l'être ? A priori, l'analphabète manque de l'un et de l'autre.

197) C'est dans une telle occurrence qu'il est question de plan social et de recherche de solutions de reconversion ou de mobilité des salariés bientôt sans travail.

198) Des excuses à l'Assemblée ; dans les médias ; puis chez les intéressés eux-mêmes oui, en janvier 2015, lors d'un déplacement exprès à Lampaul-Guimiliau, le ministre de l'Économie s'était alors entretenu avec plusieurs dizaines d'anciens salariés de l'abattoir de porcs G*AD* Jocelin et aura cette fois de visu demandé pardon pour les avoir traités d'illettrés en septembre 2014. Ceux-ci ont apprécié la démarche et plus encore : *« Monsieur le*

Surtout que l'affirmation contredisait la réalité (199). Encore que : *« Des cadres illettrés en entreprises ! Ce n'est pas une fiction mais une réalité beaucoup plus fréquente qu'on ne le pense »* (200).

2. – La dette d'indemnisation du responsable de l'absentéisme d'un étudiant.

Parce qu'un illettré est une sorte de handicapé social, le juge en tient exceptionnellement compte ; pour l'exonérer et pour au contraire mieux condamner son adversaire. Par exemple, un étudiant tombé dans l'absentéisme à son corps défendant, à cause de l'accident imputable à tiers, bénéficiera d'une indemnisation tenant compte du manque à gagner prévisible en conséquence de la suspension ou de l'arrêt de ses études.

---

ministre, on voulait vraiment vous remercier au nom des GAD pour ce que vous avez fait. Ça a été tout à votre honneur d'être venu aujourd'hui ici pour vous excuser » (Olivier LE BRAS, ancien délégué FO de l'abattoir). Cf. https://www.lexpress.fr/actualite/politique/ps/les-salaries-de-gad-illettres-macron-s-excuse_1644142.html.

199) Une syndicaliste (Annick le Guével) a répondu : « *en tant que responsable de la commission d'égalité professionnelle chez Gad, je peux vous dire que nous faisons attention à ce que tout le monde puisse avoir accès à la formation et à la connaissance. De toute façon, manque de formation ne veut pas dire illettrisme ! C'est une insulte aux femmes de GAD et aux femmes de l'agroalimentaire en général* ». https://www.ouest-france.fr/politique/emmanuel-macron-les-salariees-de-gad-sont-pour-beaucoup-illettrees-2830730. Du reste, « *longtemps placée dans le champ de l'exclusion, la lutte contre l'illettrisme est aujourd'hui une préoccupation largement partagée sur le terrain de la formation professionnelle continue* » (https://www.cap-metiers.pro/pages/166/Lutte-contre-illettrisme-socle-connaissance-competences.aspx).

200) « *[...] il s'agit de ce qu'on pourrait appeler un « illettrisme de retour* » qui découle du fait qu'à force de ne pas écrire régulièrement, ces cadres finissent par perdre l'usage de l'écriture » (https://cursus.edu/fr/9241/super-competents-mais-quasiment-illettres.

Les juges (des deux ordres de juridictions) pensent qu'une telle inassiduité scolaire involontaire mérite réparation. Encore qu'il soit curieux que ces juges ne prennent en considération que la période d'arrêt forcé. Pourtant, le préjudice pour manque d'apprentissages scolaires ou universitaires se poursuivra vraisemblablement au-delà.

Comme disent des praticiens de cette matière, *« certaines séquelles traumatiques, sans générer d'absentéisme, peuvent obérer grandement la capacité de la victime d'accéder à l'instruction, à la culture, à la socialisation et à l'épanouissement personnel, et plus tard, son intégration dans le monde du travail »* (201).

Un autre auteur insiste sur un tel *« impact en termes de déficit d'émancipation »* (202).

3. – L'avenir professionnel douteux du salarié illettré victime.

La cour d'appel de Paris (23 janvier 2017) a eu à se prononcer sur l'indemnisation d'une cycliste renversée par une motocycliste. Alors, la compagnie d'assurance de l'auteure aura payé 250.000 euros. Notamment parce que la victime était désormais au chômage, et

---

201) Camille MAURY, Laurence CLERC-RENAUD et Murièle SCHNEIDER, Préjudice scolaire, universitaire ou de formation et préjudices professionnels à venir de l'enfant, *Gazette du Palais* - n°hors-serie_1 - page 43, 27/01/2020, Id : GPL368d1, Réf : *Gaz. Pal.* 27 janv. 2020, n° 368d1, p. 43. *« Au-delà de cet aspect personnel, la part patrimoniale de ce préjudice de formation, liée à son incidence sur l'orientation professionnelle, sera d'autant plus difficile à déterminer que la victime est jeune. Cette même difficulté se rencontre pour appréhender l'indemnisation de la privation de toute activité professionnelle, tant au regard de la perte de gains professionnels futurs (PGPF) que de l'incidence professionnelle (IP) ».*

202) Ghislain PLUNUS, un référentiel commun pour une meilleure prise en charge des mineurs en situation d'absentéisme ou de décrochage scolaire, I.N.S.H.E.A., *La nouvelle revue de l'adaptation et de la scolarisation*, 2011/4 n° 56, pages 193 à 202, https://www.cairn.info/revue-la-nouvelle-revue-de-l-adaptation-et-de-la- scolarisation-2011-4-page-193.htm.

« qu'étant analphabète elle ne pouvait qu'occuper un poste de travail manuel, ce que son état physique lui interdit encore aujourd'hui » (203).

Plus d'une vingtaine d'années auparavant, cette juridiction avait pourtant refusé une indemnisation comparable à un certain M. Bakssisse, sans pour autant être démentie par la Cour de cassation (27 mai 1993) (204). En fait, il s'agissait du gain de prestations en espèce en provenance de l'assurance maladie, la CPAM.

La lecture du dossier permettait de réaliser *« que l'intéressé, analphabète et dépourvu de toute qualification, ne pouvait exercer d'autre travail que celui de manœuvre, lequel implique, par définition même, la station debout prolongée et le port de charges lourdes »* (205).

Hélas, pour cette victime, il y avait dorénavant perte de son aptitude à porter des choses lourdes, ou bien de rester longtemps debout. Dès lors, se défend plutôt aisément une prise en compte du cumul de la raréfaction des opportunités professionnelles de l'individu souffrant désormais d'une inaptitude physique et, déjà auparavant, d'un illettrisme.

4. – L'historique du lien de dépendance entre bonne scolarité et emploi enviable.

La place de la culture écrite en vue de se trouver le meilleur emploi possible s'est élargie depuis le seizième siècle ; c'est-à-dire depuis la généralisation progressive de l'alphabétisation. À la vérité, la complexification de nos domaines contemporains de connaissances

---

203) Cour d'appel, Paris, Pôle 2, chambre 3, 23 janvier 2017, n° 15/08101.

204) Cass. Soc., 27 Mai 1993, n° 90-18.607, Rejet du pourvoi contre Paris, 26 juin 1990.

205) Bien entendu, cet arrêt de rejet n'aura pas forcément signifié que la cour d'appel avait correctement jugé. Cela pouvait simplement vouloir dire qu'un bon moyen de cassation n'aura pas été présenté à la Cour suprême.

rend difficile même la compréhension d'écrits relatifs à sa propre branche d'activité (206).

Évidemment, la personne qui a fréquenté assidument les bancs des écoles (et pas seulement pour y redoubler), s'en sortira certainement mieux que dans l'hypothèse inverse (207).

À cet égard, des chercheurs ont observé que : *« les détenus analphabètes sont sans espoir d'amélioration de leurs compétences en vue de l'apprentissage d'un métier utile leur assurant une perspective d'avenir à leur libération »* (208).

---

206) « *Dans le monde du travail, et même de manière générale, l'alphabétisation ne s'arrête pas simplement à savoir "lire, écrire et calculer", c'est tellement plus que cela. En effet, ce terme englobe d'autres compétences essentielles dans le cadre d'un emploi : l'environnement numérique, s'organiser, résoudre un problème, prendre des décisions, respecter un budget, communiquer aisément, trouver et utiliser des informations, rédiger des rapports, être polyvalent, ... Il ne s'agit donc pas de compétences techniques requises à proprement parler pour un travail spécifique mais plutôt des capacités qui s'appliquent à tous les emplois* » (https://lire-et-ecrire.be/Saviez-vous-qu-on-peut-etre-analphabete-et-travailler-Ce-sont-les-alpha).

207) Notamment si l'intéressé disposait déjà d'un héritage culturel, d'un capital culturel. Justement, « *[... les plus longuement scolarisés, ceux qui proviennent des milieux sociaux les plus anciennement scolarisés, maîtrisent les savoirs et savoir-faire de base de la lecture et de l'écriture, mais ils ont été aussi et surtout habitués à faire face à la lecture et/ou à la rédaction de textes formellement, fonctionnellement et thématiquement très variés. Même en possession des compétences lectorales et scripturales minimales, on peut être dans l'incapacité de comprendre ou de produire certains types d'écrits » (Bernard LAHIRE, « Introduction générale »*, L'invention de l'illettrisme, sous la direction de Lahire Bernard. La Découverte, 2005, pp. 9-31).

208) Jean-Claude BERNHEIM, Philippe BENSIMON, L'impact de l'architecture carcérale sur le personnel des prisons, *RSC* 2020. 504.

5. – La bienveillance du juge envers l'illettré sans travail.

La CEDH a accordé une indemnité (922 francs suisses) à une SDF, qui mendiait dans le canton de Genève, alors que la mendicité y constitue un délit (209).

La Cour a vu dans cette affaire une illustration du cas de nécessité, lequel rappellera peut-être à certains le bon juge de Château-Thierry (210). Parce qu'analphabète, la dame en question ne pouvait se charger que de travaux ménagers. De toute façon, elle n'en trouvait pas ; probablement parce que ''*sa race*'' n'inspirait pas confiance, relativement au soin et au respect de la propriété d'autrui (211).

Les autorités genevoises lui avaient recommandé de gagner d'autres contrées européennes (ou même helvétiques) où la mendicité serait tolérée. Pour commencer, elle avait été condamnée (certes avec sursis) à un emprisonnement et à une amende. En ce qui les concerne, les juges européens ont relevé un vice logique, voire de la perversité, dans ce raisonnement municipal.

D'une part en effet, dès lors que la mendicité est censée troubler l'ordre public, en suggérer l'exportation chez les voisins apparaît indécent. D'autre part, la législation (suisse) aboutissait à empêcher

---

209) En France aussi, des villes (touristiques et de Droite) prennent parfois des arrêtés ''*anti-mendicité*'' cependant vite dénoncés au tribunal administratif. Plus généralement, la mendicité et le vagabondage demeurèrent des délits jusqu'à l'entrée en vigueur du nouveau Code pénal en 1994. Certes, depuis des années déjà, ces infractions étaient tombées en désuétude.

210) https://fr.wikipedia.org/wiki/Paul_Magnaud.

211) Elle appartenait en effet à la communauté des gens du voyages (Tziganes, Romanichelles, etc.). On lira avec intérêt : Emmanuel AUBIN, Le statut des gens du voyage devant le Conseil constitutionnel : la fin des discriminations ? AJDA 2012. 2393.

l'intéressée à s'adonner à une activité probablement peu enviable mais qui lui procurait sa subsistance (212).

Si une pénalisation de la prostitution conduirait sans doute à la même solution, en revanche, bien excessivement libertaire serait une extension analogique vers le vol et le trafic de stupéfiants (213).

6. – La perpétuation de l'illettrisme familial et d'un échec professionnel consécutif.

L'absentéisme empêche l'acquisition des savoirs fondamentaux, de même qu'ensuite leur transmission intrafamiliale. On note à cet égard que « *les entrepreneurs proviennent le plus souvent de familles où les parents ou autres personnes proches sont eux-mêmes dans les affaires. On peut penser que le jeune, grandissant dans ce genre de famille ou d'entourage, considère ses parents ou ses proches comme des modèles à imiter* » (214).

Naturellement, le parent illettré est meurtri de ne pouvoir comprendre le monde scolaire, et dès lors de ne pouvoir aider son enfant à faire ses devoirs (215). Apparemment, la pauvreté intellectuelle et matérielle du parent rejaillira sur sa descendance ; c'est un cercle vicieux.

---

212) CEDH, 3e section, 19 janvier 2021 – n° 14065/15, points 58 et 71 ; Jean-Pierre MARGUÉNAUD, Le droit, inhérent à la dignité humaine, de se livrer à la mendicité pour survivre, *RTD civ.* 2021. 368.

213) Yves MAYAUD, La pénalisation du recours à la prostitution validée par le Conseil constitutionnel, RSC 2019. 85. Les prostitués ne sont pas punies, alors que leurs clients le sont, et plus encore leurs proxénètes.

214) Gérard Akrikpan Kokou, Abdourahman MAHAMOU RAYALEH, « Typologie des créatrices d'entreprise djiboutiennes en termes de potentialités entrepreneuriales : importance des antécédents familiaux et professionnels », *Revue internationale des sciences de l'organisation*, 2016/2 (N° 2), p. 41-78. DOI : 10.3917/riso.002.0041.

215) Thomas DUMET et Véronique TIBERGHIEN, Des parents maîtrisant mal l'écrit face à l'école, *Empan,* vol. 81, no. 1, 2011, pp. 81-89.

Dans l'idéal, l'on brise cette chaîne du malheur en fréquentant les écoles de la République. Celles-ci embarquent chacun dans le fameux ascenseur social. On comprend alors sans peine qu'en 2013 le premier ministre de l'époque ait élevé l'illettrisme au podium des grandes causes nationales parce que 10 % des adolescents français de 17 ans peinaient à lire couramment, tandis que 4,1 % apparaissaient comme étant en situation d'illettrisme.

Curieusement, les enfants de migrants sont davantage touchés ; même quand leur situation matérielle est comparable à celle d'une famille allogène. Leur naissance sur le même territoire et leur scolarisation dans les mêmes établissements semblent sans effet positif particulier : *« ils accusent en France des scores inférieurs de 60 points à ceux des élèves autochtones, contre 30 points en moyenne dans les pays de l'OCDE »* (216). Peut-être cela est-il imputable à un défaut de capital culturel.

7. – Le rejet de l'illettrisme comme excuse de son inaptitude financière.

L'absentéiste scolaire, lequel se sera donc privé des outils nécessaires à la lutte dans la vie, se révèlera même inapte à gérer la fortune miraculeusement advenue à son enfant (donation, indemnisations, cachets d'acteur, etc.). À la culpabilité morale pourrait alors se rajouter une responsabilité civile pour gestion ruineuse des fonds de l'enfant.

Par exemple, dans une espèce, une mère avait été l'auteure d'une dilapidation litigieuse par prélèvement sur les comptes bancaires de ses propres enfants. Or, les père et mère, appelés par la loi à accomplir des actes de gestion sur le patrimoine de leur enfant

---

216) Adeline SAROT, et al., Pourquoi n'ont-ils pas appris à lire ? Analyse transculturelle des facteurs de vulnérabilité et de protection face à l'illettrisme, *La psychiatrie de l'enfant*, vol. 60, no. 2, 2017, pp. 391-416.

mineur, encourent une responsabilité solidaire en cas de mauvaise gestion (217).

Le père a espéré échapper à l'obligation de reconstituer le patrimoine du rejeton en expliquant qu'il n'était pas capable de comprendre les relevés bancaires. Aussi étai-ce sa femme qui s'en occupait ; elle qui savait lire et écrire. Mais pour bénéficier de la sollicitude des juges, ce père aurait dû leur rapporter une preuve négative (ou preuve impossible, ou preuve diabolique) : ne point maîtriser l'écriture et la lecture.

Or, d'après les conseillers montpelliérains : « *Monsieur P. se borne à conclure qu'il est analphabète et illettré, sans le démontrer* » (218). Dans une autre affaire (relative au crédit), les conseillers toulousains ont pour leur part jugé que : « *les intimés ne rapportent pas la preuve de ce qu'ils étaient analphabètes ou illettrés, ni même si cela était le cas, que la banque le savait* » (219).

Ici, l'exonération dépendait de deux démonstrations ; d'abord la satisfaction de la preuve diabolique ; ensuite la preuve de la connaissance (par leur cocontractant) de leur statut de handicapé des chiffres et des lettres. D'ailleurs, peut-être avaient-ils donné le change au moment de conclure leur convention bancaire. Bien sûr, les juges judiciaires ne pouvaient instituer un motif nouveau de nullité des contrats.

Le juge administratif (plus créateur de normes) ne se reconnaît pas non plus la légitimité de priver une notification régulière de ses effets, au motif que le destinataire de cette information n'aura point fréquenté assidument les bancs de l'école (220).

---

217) Code civil, article 389-5. Si l'idée demeure, il n'empêche que l'article a été abrogé en 2015. Yann FAVIER, La nécessaire protection des revenus du travail de l'enfant, AJ fam. 2006. 147.

218) Cour d'appel de Montpellier - ch. 01 B, 10 octobre 2012 / n° 11/05902.

219) Cour d'appel de Toulouse, CT0042, 19 juin 2007 / n° 06/00576.

220) Que « *Voba soit analphabète et illettré comme il le prétend, cette circonstance, qui n'est pas de nature à rendre irrégulière cette notification,*

8. – Les études et les diplômes comme causes d'un complexe de supériorité ou d'infériorité.

À l'occasion de l'une de ses conférences (dans le Cycle de conférences de l'Institut d'Études Avancées de Nantes), Augustin EMANE avait choisi de traiter la question suivante : *« Que peut-on apprendre d'Albert Schweitzer ? »*. Un tel choix sans doute parce qu'il est l'auteur d'une biographie médiatique et primée sur ce médecin prix Nobel de la paix (221). Sa recherche sur le terrain l'avait conduite à se rendre à Lambaréné (Gabon) où le bienveillant médecin avait passé sa vie professionnelle et avait choisi d'être enterré.

Le problème qu'il rencontra alors fut le mutisme ou la réserve gênée des vieillards qu'ils interrogeaient. Car même s'ils avaient côtoyé Schweitzer, ils ne se sentaient pas pour autant légitimes à fournir des matériaux utilisables pour l'écriture d'un livre (222). Alors, ils renvoyaient à leurs enfants titulaires de diplômes, peu important que ceux-ci n'aient connu notre célèbre médecin que par tradition familiale.

En conclusion, il existe un complexe d'infériorité naissant de l'analphabétisme. Au contraire, les personnes diplômées manquent

---

ne faisait pas obstacle à ce que le délai de recours contentieux ait commencé à courir » (Cour administrative d'appel de Bordeaux - 6e chambre, 17 février 2014 / n° 12BX02457).

221) Augustin EMANE, Albert Schweitzer, une icône africaine, Fayard, 2013.

222) https://www.canal-u.tv/chaines/ieanantes/conference-de-augustin-emane-ce-que-peut-nous-apprendre-albert-schweitzer-une ; https://www.dailymotion.com/video/x16dbve. La même conférence lui a donné l'occasion d'indiquer la proximité, par delà les frontières et les couleurs de peaux, de ceux qui ont fait des études. Ils semblent alors coupés (affranchis) de leurs sociétés d'origine. Sans doute Augustin EMANE aurait-il pu alors renvoyer à Frantz Fanon (Peau noire, masques blancs, Seuil, 1952) ou à Cheick HAMIDOU KANE (L'Aventure ambiguë [l'angoisse d'être noir], Présence africaine, 1961). L'extrême-Droite aurait pour sa part songé au "cosmopolitisme" au "mondialisme", ou "aux élites déconnectées".

trop souvent de modestie ; ils font même plutôt montre d'un complexe de supériorité. Leur mépris s'abat même sur de (hautes) personnalités qui, malgré un initial mauvais départ dans la vie, auront fini par se rattraper intellectuellement et socialement.

Par exemple, René MONORY est resté toute sa vie *"le garagiste de Loudun"*, malgré une belle carrière ministérielle qui lui a permis de s'occuper de l'économie et des finances de la France, puis la présidence du Sénat. De même, Pierre Bérégovoy pourtant parvenu au poste de Premier ministre est demeuré *"le tourneur-fraiseur"*. Quant à Nicolas Sarkozy, des hauts fonctionnaires semblaient parfois le snober parce qu'il ne sera pas sorti de l'ENA comme les autres présidents de la République (223).

Cela étant, le refus de l'école, finalement caractérisé par l'absentéisme, peut difficilement être tu à sa descendance. Certes, il y a une réelle gêne à se prévaloir de son statut d'ignorant devant ses enfants.

9. – Le rejet de l'illettrisme du salarié comme excuse de ses fautes.

De même, l'insuffisance professionnelle du salarié, même due à l'analphabétisme, n'enlèvera pas à l'employeur sa cause réelle et sérieuse de licenciement. Néanmoins, une cour d'appel avait entendu exonérer un salarié imputant ses erreurs d'enregistrement (du poids des marchandises) à ce handicap.

D'autant plus que, outre qu'il était analphabète, il n'avait pas reçu de formation interne préalable ; il avait donc dû se débrouiller sans supervision. Mais en l'espèce, la Cour de cassation aura plutôt vu

223) À savoir : Emmanuel Macron, François Hollande, Jacques Chirac, et Valéry Giscard d'Estaing. Les autres présidents de la Cinquième République étaient trop vieux pour avoir été à l'ENA. Du reste, Charles de Gaulle provenaient de l'École de guerre (Saint Cyr) et Georges Pompidou de Normal Sup (rue d'ULM). Seul François Mitterrand, tout aussi vieux que les deux précédents partageait, avec Nicolas Sarkozy, le parcours d'avocat.

(de la part des conseillers) une torsion de la réalité en faveur du salarié (224). Le salarié n'a par conséquent pu profiter des indemnités prévues au profit des salariés licenciés sans cause réelle et sérieuse.

10. – Le certificat de bon élève et de futur bon salarié en Angleterre.

Au Royaume Uni, l'enfant recevait naguère un certificat de caractère à présenter à son futur employeur. Y figurait ses manquements à la discipline et son niveau d'absentéisme. Les meilleurs élèves se voyaient décerner une médaille ; soit d'or, soit d'argent, soit de bronze.

Ce sont les enfants qui, pendant les quatre années de scolarité, n'avaient jamais été absents, qui étaient couronnés par la médaille d'or. Celle d'argent supposait de n'avoir pas dépassé six absences, durant cette période quadriennale. Quant aux absentéistes n'ayant pas pour autant franchi le plafond de 10 absences, ils étaient récompensés au moyen d'une médaille de bronze.

Au-delà, pas de médaille, mais pire : un préjugé d'indiscipline et d'indisponibilité à l'effort. Par précaution, le présentéisme était dès lors courant ; *« les parents ouvriers y attachaient une telle importance qu'ils obligeaient leurs enfants à aller en classe malades »* (225). Autant de façons de faire dédaignées par la France.

---

224) CASS. SOC., 11 février 1981, Bulletin civil, 1981, 114. En l'espèce, la décision des premiers juges avait plutôt relevé qu'aucune qualification n'était nécessaire, et que le salarié s'en était bien sorti durant près d'un mois. Par ailleurs, l'insuffisance professionnelle étant avérée, la cour d'appel ne pouvait se substituer à l'employeur (exempt de détournement de pouvoir) pour apprécier les possibilités d'affectation du salarié dans l'entreprise, et pour en tirer des conséquences sur l'organisation du service à l'intérieur de celle-ci.

225) Danièle RANCIÈRE, La grève des écoliers, Association Vacarme, *Vacarme,* 2004/1 n° 26 | pages 41 à 46, https://www.cairn.info/revue-vacarme-2004-1-page-41.htm.

11. - La crainte d'ouvriers contestataires parce qu'instruits.

L'absentéisme scolaire pourvoie le monde du travail en salariés sans instruction ; ce qui pourrait sembler préférable aux employeurs. Car l'instruction (initiale ou continue) pouvait leur faire redouter la fabrication de salariés révoltés ; puisque conscients de leur destin social. Surtout que ces travailleurs ont par ailleurs des droits et libertés dans les magasins, les ateliers et les chantiers où ils œuvrent.

Mais au fond, l'idée n'a jamais été de former des penseurs de la condition humaine, ou des rapports sociaux, ou des processus de production des biens et services. En effet, le triptyque *« lire, écrire, compter »* visait essentiellement l'employabilité immédiate dans des fonctions d'exécution.

Mieux, aussi bien l'école, le sport, le scoutisme que le service militaire notamment constituaient des propédeutiques (des fabriques) de personnels raisonnables, endurants et disciplinés (226). Dans ces conditions, le patronat était assuré d'un personnel disposant d'une compétence technique minimale (à perfectionner dans l'entreprise), et disposant également des attributs du travailleur modèle.

À savoir : l'obéissance ; la ponctualité ; le respect des consignes ; la régularité vers le lieu de l'activité ; l'intériorisation d'attitudes standardisées ou prévisibles (227).

---

226) Pour un auteur, *« il s'agit de l'autocontrainte minimale réclamée pour accéder à la civilisation ou pour faire partie intégrante de la société »* (Étienne DOUAT, La construction de l'absentéisme scolaire comme problème de sécurité intérieure dans la France des années 1990-2000, Médecine & Hygiène, *Déviance et Société,* 2007/2 Vol. 31, pages 149 à 171, https://www.cairn.info/revue-deviance-et-societe-2007-2-page-149.htm).

227) Roger MONJO, L'école peut-elle être, à la fois, libératrice et obligatoire ?, Presses universitaires de Caen, *Le Télémaque,* 2013/1 n° 43, pages 87 à 102, https://www.cairn.info/revue-le-telemaque-2013-1-page-87.htm.

12. – La préférence du travail précoce à des études sans perspective.

Les quotidiens britanniques avaient autrefois rendu compte d'une grève des écoliers du pays au mois de septembre 1911. Curieusement, les enfants grévistes voulaient quitter l'école pour devenir des ouvriers à l'usine ; ou des dockers au port (228). Aujourd'hui, les étudiants optent pour le statut de salarié en formation professionnelle (229).

Après tout, les études n'ont-elles pas pour finalité d'aider à s'employer, et donc d'aider à pourvoir à ses besoins ? Encore que les salaires perçus après des études trop brèves permettent juste de survivre. Dans ma propre vie, cette vérité m'aura heureusement été révélée par une bonne amie (Marcelle OYANE). Car, j'envisageais d'arrêter mes études après le DEUG, afin d'être en mesure de pourvoir aux besoins de mes neveux devenus orphelins de père et de mère (230).

---

228) Danièle RANCIÈRE, La grève des écoliers, précité.

229) Il s'agit de contrats de professionnalisation et, plus souvent, de contrats d'apprentissage. La situation de l'apprenti français contemporain est loin d'être celle d'autrefois, ou encore celle actuellement en vogue en Afrique. En effet, *« le travail gratuit et la pleine disponibilité constituent pour l'apprenti la condition normale de son âge et de son état [d'apprenti] »* (Fabio Viti, Travailler pour rien : L'apprentissage en Côte-d'Ivoire urbaine (Abidjan, *Cahiers d'Études Africaines*, Vol. 45, Cahier 179/180).

230) Le père, assassin de la mère (ma sœur Charlotte Nyangui), aura été fusillé en exécution de sa condamnation. Finalement, je suis docteur en droit, ainsi qu'enseignant-chercheur dans ce domaine. Je peux en conséquence mieux m'acquitter de mon tribut à la (survie de la) famille. À cet égard, les immigrés des pays sous-développés ont tendance à ne pas conserver égoïstement pour eux-mêmes le fruit de leur travail. D'où une plus grande aisance matérielle de leurs collègues occidentaux. La fixation des impôts et cotisations des uns et des autres devrait peut-être en tenir compte. Tout au moins, en faveur des étrangers qui n'auraient ramené leurs parents (par la procédure du regroupement familial). Les étrangers généreux (avec les leurs) assument donc la solidarité nationale en France, ainsi que la solidarité familiale à l'étranger, sans déduction fiscale. C'est vrai que leurs transferts de fonds profitent à des étrangers domiciliés à l'étranger. Hélas,

D'un autre côté, *« les débouchés professionnels sont devenus plus aléatoires »* (231). Un peu moins qu'à la fin de la phase paroxystique du covid-19, en 1997 une reprise économique était survenue en France. Alors, plusieurs lycéens décidèrent d'abandonner leurs études pour une place de vendeur dans un fastfood. En exagérant sans doute l'inutilité des études, l'un de nos savants aura soutenu qu'ils « *ont préféré aller travailler à MacDo ou ailleurs, plutôt que de rester à l'école à ne rien faire* » (232).

13. – L'encouragement familial silencieux au travail précoce.

De fait, le jeune sans qualification, car ayant boudé l'école, et qui serait affecté à un poste médiocrement payé, se révélera encore absentéiste. C'est du moins ce que prétendent des études américaines, peut-être aujourd'hui un peu vieillies (233). Or, les

---

une proposition de loi d'une députée LREM, pourtant groupe majoritaire, a échoué à offrir un peu d'équité aux intéressés.

231) Paul GERBOD, Note sur la condition matérielle et morale de l'étudiant français, Revue française de sociologie, Vol. 21, No. 2 (avril. - juin, 1980), pp. 251-258, Sciences Po University Press on behalf of the Association Revue Française de Sociologie, https://www.jstor.org/stable/3321110.

232) François DUBET, Sortir de l'idée de crise [de l'école], entretien avec Florence GIUST-DESPRAIRIES, ERES, Nouvelle revue de psychosociologie, 2010/1 n° 9, pages 131 à 147, https://www.cairn.info/revue-nouvelle-revue-de-psychosociologie-2010-1-page-131.htm.

233) Ces études des années 70 ont montré tout d'abord que l'absentéisme était faible de la part des personnes bien rémunérées. Qu'ensuite, il était tout aussi bas lorsque la tâche prévue supposait d'avoir des qualifications spécifiques. Enfin, que l'absentéisme était plutôt bas chez les seniors. Cf. Al Mikalachki et D. Chapple, Absenteeism and Overtime (Absentéisme et surtemps) Double Jeopardy, *Relations industrielles,* 1977, 532–546, https://doi.org/10.7202/028821ar. L'absentéisme des femmes faisait l'objet d'observations similaires une décennie plus tôt. Cf. Vivianne Isambert-Jamati, Adaptation au travail et niveau de qualification des femmes salariées, Revue française de sociologie, Vol. 1, No. 1 (Jan. - Mar., 1960), pp. 45-60 ; Sciences Po University Press on behalf of the Association Revue Française de Sociologie ; https://www.jstor.org/stable/3320066.

parents n'attendaient pas toujours que l'enfant ait achevé sa scolarité.

En effet, ce dernier devait rapidement prouver son utilité économique à la famille ; au moyen de l'exercice consciencieux d'une activité rémunératrice (234). Son très jeune âge ne faisait pas forcément hésiter ; seule comptait la perspective d'un revenu supplémentaire pour le foyer.

Un auteur écrit que : *« Les absences ou les refus de travailler, quelles qu'en soient les raisons, n'étaient pas envisageables ; les conditions matérielles de vie étaient trop rudes pour prendre en compte les états de santé ou psychologiques individuels »* (235). Les parents n'avaient d'ailleurs pas à tenir de discours explicite en ce sens : l'enfant anticipait la mise en œuvre de son devoir de contribution.

En tous cas, relate un professeur présentant un ouvrage récent : « *l'enfant et l'adolescent sous la pression des parents et des pairs vont souvent préférer quitter les bancs d'école avec un but beaucoup plus concret qu'un avenir incertain face au grand tableau noir : un salaire* » (236).

234) On se rappellera qu'un pasteur demeure aujourd'hui encore dans les mémoires parce qu'il recommandait aux ouvriers ne proportionner leur nombre d'enfants à leur capacité financière à les nourrir. Thomas Malthus (1766-1834) est le père de la théorie économique dénommée malthusianisme, contenue dans son *«Essai sur le principe de population en tant qu'il influe sur le progrès futur de la société, […] »*.

235) Sophie DIVAY, Les précaires du care ou les évolutions de la gestion de l'absentéisme dans un hôpital local, *Sociétés contemporaines* 2010/1 (n° 77), p. 87-109. DOI 10.3917/soco.077.0087.

236) Philippe BENSIMON, Louise Fines, Enfants au travail : le paradoxe de la nécessité et du choix, RSC 2020. 203.

14. – Un rappel succinct du travail des enfants en France.

Que des enfants travaillassent a toujours paru naturel aux humains (237). Au Moyen-âge les garçons participaient aux travaux champêtres alors que les filles étaient des servantes dans des demeures seigneuriales.

Au 18ème, les enfants furent plus encore éloignés des leurs, pour une activité de valet de ferme, de commis d'un patron, ou de domestique pour les filles (avec l'ignoble et clandestin *"droit de cuissage"*) (238). La Révolution industrielle aura amplifié le phénomène en augmentant le besoin de main-d'œuvre dans les mines, les chantiers et les usines.

Dans ces conditions, il était contre-nature qu'il fut attendu des enfants qu'ils se plaçassent à la disposition de l'instituteur pour apprendre et jouer de façon improductive. Cette hérésie charpentait pourtant le catéchisme de la Troisième République (239). Celle-ci avait en effet imposé l'instruction obligatoire des mineurs (d'âge). Une instruction faite dans une école pour les familles qui ne désiraient pas ou n'arrivaient pas à y pourvoir à domicile.

Depuis cette époque, les enfants grandissent dans la quiétude. Ils bénéficient par conséquent de nos jours d'un développement physique et intellectuel maximal (avant peut-être de devoir être exploité par un patron). C'est de la sorte qu'aura reflué le trop grand nombre d'infirmités dues aux longs efforts précoces, de même qu'aux accidents au travail de petits travailleurs.

---

237) Louise FINES, Enfants au travail : le paradoxe de la nécessité et du choix, Paris, L'Harmattan, 2020, 215 p.

238) « *Le "droit de cuissage" est révolu. C'est un délit. Et les gestes et propos déplacés sont heureusement de moins en moins tolérés* » (Luc BRUNET, Risque pénal des élus locaux et des fonctionnaires territoriaux : publication du Rapport annuel 2022 de l'Observatoire SMACL, AJCT 2023. 72).

239) Cette évolution de la civilisation commença avec l'une des lois Jules Ferry, en 1882.

15. – La souffrance patrimoniale au travail pour l'ancien élève absentéiste.

Du fait de l'insignifiance de son salaire, le décrocheur scolaire devenu travailleur pauvre contribuera à peine à la prospérité de l'économie, et particulièrement très peu aux finances publiques ; d'où un manque à gagner pour la collectivité. Pire, parce que pauvre, il sollicitera au contraire l'aide sociale plus ou moins régulièrement.

Comme dit une équipe d'auteurs, à cause de l'école buissonnière, l'on *« on aura des chômeurs et des assistés à vie »* (240). Certes, répondrait un Athénien, à la fois politicien et historien, à savoir Thucydide : *« il n'est honteux à personne d'avouer qu'il est pauvre, la honte consiste à ne pas chasser la pauvreté par le travail »* (241).

En tous cas, plus élevée seront probablement ses soins de santé pour l'assurance maladie. Pourquoi donc ? Parce que l'intelligence de l'intéressé n'envisagera que tardivement la consultation de professionnels de santé, avant une aggravation de son état. Ce qui par la suite emportera une plus coûteuse prise en charge sanitaire et sociale (242).

À cet égard, pendant la pandémie de Covid-19, l'ignorance (par défaut de formation ou d'information) aura caractérisé le Français moyen

---

240) RÉDACTION, J. C. Affaires sociales : Un problème d'avenir : l'absentéisme scolaire, *La Revue administrative,* 55e Année, n° 328 (juillet-août 2002), pp. 400-402, Presses Universitaires de France, https://www.jstor.org/stable/40774834.

241) Histoire de la guerre du Péloponnèse, *Œuvres de Thucydide*, édition et traduction de Jacqueline DE ROMILLY, en collaboration avec Louis BODIN et Raymond WEIL, 5 vol., Les Belles Lettres, 1953-1972).

242) Ghislain PLUNUS, un référentiel commun pour une meilleure prise en charge des mineurs en situation d'absentéisme ou de décrochage scolaire, I.N.S.H.E.A., *La nouvelle revue de l'adaptation et de la scolarisation*, 2011/4 n° 56, pages 193 à 202, https://www.cairn.info/revue-la-nouvelle-revue-de-l-adaptation-et-de-la- scolarisation-2011-4-page-193.htm.

(*"antivacs" et/ou "complotiste"*), de même que plus généralement l'individu non-vacciné (243).

Ils étaient encouragés et maintenus dans une crainte paranoïaque par des profiteurs en tous genres (scientifiques, politiciens, artistes) heureux d'un tel marché de consommateurs de livres polémiques et de médications alternatives. Or c'est une défiance qui a des fondements relativement compréhensibles (244).

243) Marie-Laure MOQUET-ANGER, Défiance et santé, RDSS 2021. 5. Dans le même sens, Isabelle POIROT-MAZERES, L'information en santé, entre confiance et défiance, RDSS 2021. 93.

244) Il suffit de songer à divers scandales sanitaires : le nuage de Tchernobyl ; l'amiante ; le sang contaminé ; le Médiator, le chlordécone. On sait que « *L'État engage sa responsabilité pour ses carences dans l'autorisation de vente de produits contenant du chlordécone* » (TA Paris, 24 juin 2022, n° 2006925/6-2 s. ; DA, 12 juill. 2022, note Lingibé).

UNE RETENUE (POUR ABSENCES) PLUS FORFAITAIRE QUE PROPORTIONNELLE

Clotaire MOULOUNGUI
Maître de conférences hors classe à l'ULCO (académie de Lille)
Ancien Chef du Département Gestion des Entreprises et des Administrations
Responsable de la licence professionnelle Métiers de la Gestion et du Social

Résumé : La doctrine et la jurisprudence invoquent régulièrement la proportionnalité des retenues pratiquées à l'encontre des travailleurs relativement à leurs absences. Même si des subtilités sont parfois introduites. Dans aucun cas la retenue n'est vraiment proportionnelle. Pire, la proportionnalité n'existe peut-être que dans les cas où il est paradoxalement prétendu qu'elle n'existe pas. Pour bien se rendre compte de l'erreur commune des juristes (à propos de la proportionnalité), il faut se remémorer ses leçons d'école primaire sur la question.

Mots clefs : Absentéisme ; retenue sur salaire ; retenue proportionnelle ; retenue forfaitaire.

Abstract : Doctrine and case law regularly invoke the proportionality of deductions made from workers for their absences. Even if subtleties are sometimes introduced, the deduction is never truly proportional. Worse, proportionality perhaps only exists in cases where it is paradoxically claimed not to exist. To fully appreciate the common error of legal scholars (regarding proportionality), one must recall one's elementary school lessons on the subject.

Keywords : Absenteeism; salary deduction; proportional deduction; flat-rate deduction.

1. – La prétendue proportionnalité à l'épreuve de la multiplication ou de la division.

La doctrine et la jurisprudence invoquent régulièrement la proportionnalité des retenues pratiquées à l'encontre des travailleurs relativement à leurs absences (245). Même si des subtilités sont parfois introduites (246).

Avant de discuter les règles correspondantes, il convient de montrer qu'en vérité, dans aucun cas, la retenue n'est vraiment proportionnelle. Pire, la proportionnalité n'existe peut-être que dans les cas où il est paradoxalement prétendu qu'elle n'existe pas. Pour bien se rendre compte de l'erreur commune des juristes (à propos de la proportionnalité), il faut se remémorer ses leçons d'école primaire sur la question.

Soit un garçon qui range soigneusement ses billes dans 5 sacs qu'il ferme ensuite hermétiquement. Dans chacun, il aura mis 11 billes. Combien donc a-t-il de billes au total ? Une multiplication (de 5 par

---

245) « *La retenue doit être proportionnelle au temps de grève, sous réserve des règles comptables propres à la fonction publique. Elle correspond au temps d'inexécution du contrat* » (Antoine MAZEAUD, Droit du travail, Précis Domat Droit privé, LGDJ, 2016, n° 504). S'agissant de la perte de la prime pour inassiduité, à croire le CONSEIL D'ÉTAT, la retenue se fait à « *due proportion des périodes de congés de maladie des agents* » (CONSEIL D'ÉTAT, 30 décembre 2013, n° 363480, Commune Roye ; 14 juin 1995, n° 146301, Commune de Septèmes-les-Vallons).

246) À l'instar de ses consœurs dans les affaires, la société MUTEST prévoit une prime proportionnelle : « *Accord relatif aux modalités d'attribution de la prime décentralisée 2019 : [...] abattement de 1/60ème de la prime annuelle par jour d'absence. La fraction de cet abattement est proportionnelle à la durée de présence à l'effectif. Toutefois, tout salarié dispose de jours de franchise [...] le premier jour d'absence [...]* » (Accord d'entreprise signé à Strasbourg, le 16 décembre 2019, par le représentant de la mutuelle MUTEST et par deux organisations syndicales, la CFDT et la CFE-CGC).

11) nous donne 55 billes. Et s'il avait eu 7 sacs, avec un contenu identique de 11, à combien se monterait son puéril trésor ?

Grâce à une opération similaire, l'on trouve 77 billes. À l'inverse, si le garçonnet disposait de 110 billes, de combien de sacs (d'une contenance de 11) aurait-il eu besoin pour ranger l'ensemble ? Une division du total des billes par la contenance maximale d'un sac nous donne 10 sacs. En cas de valeurs proportionnelles, l'on pense aisément d'un facteur à l'autre grâce à la division ou grâce à la multiplication.

Or, tel est-il le cas en matière de retenue sur la rémunération de l'absentéiste ? La réponse est non, en particulier lorsqu'il s'agit de fonctionnaires de l'État. Car, à leur égard, l'on fait rigoureusement application de la perte entière d'une ou d'une journée, selon le cas (247).

2. – L'illustration supplémentaire d'une véritable retenue proportionnelle.

Soit un travailleur gagnant 2000 euros par mois (de 30 jours de travail). Pour une journée d'absence (non excusée), il doit perdre 66,66 euros ; c'est-à-dire 1/30ème de sa rémunération mensuelle. S'il y avait proportionnalité de la retenue, alors pour une demi-journée d'absence, il perdrait la moitié de cette retenue : 33,33 euros.

Or, la législation prévoit qu'une demi-journée d'absence enlève à l'absentéiste 1/50 de son traitement. Ce qui donne 40 euros. À l'inverse, comme la retenue pour une demi-journée c'est 40 euros,

---

247) La retenue a changé en importance monétaire avec le passage aux 35 heures hebdomadaires de travail. En effet, avant cette réforme, il était déjà question de retirer à l'absentéiste : un cent soixantième ; un cinquantième ; un trentième. La sanction comportait un certain degré de progressivité, « *la retenue étant d'abord strictement proportionnelle avant d'être plus élevée* » (Fabrice MELLERAY, Les retenues pécuniaires pour fait de grève dans les services publics, *AJDA* 2003 p.1648).

alors pour une journée entière (soit deux demi-journées), la perte de salaire devrait se monter à 80 euros ; le double.

En ce sens, la retenue pratiquée est forfaitaire. D'ailleurs, il est prévu que pour moins d'une heure d'absence, le traitement soit divisé par 1/160, pour la détermination de la retenue appropriée. Ainsi donc, une sanction identique et forfaitaire pour une absence (ou un retard), par exemple d'un quart d'heure, d'une demi-heure, ou de trois quarts d'heure.

S'agissant cette fois d'un salarié rémunéré à 3000 €, l'on trouverait 12,5 euros pour une heure de temps de défaut de travail. S'il y avait proportionnalité véritable, en partant de cette base, l'on devrait pouvoir automatiquement trouver la perte journalière de l'absentéiste. Sachant qu'une journée comprend 7 heures de travail, la multiplication des facteurs (12,5 € et 7) révèlerait une perte de 87,5 euros (248).

La pluralité d'unités de compte, d'unité de temps (heure, demi-journée, journée) complexifie cette matière de la retenue pour absentéisme. Et y opposer retenue forfaitaire et retenue proportionnelle se révèle vain, les deux modalités se combinant parfois.

3. – La facilité des retenues sur salaire en application de la mensualité.

En application du principe social de la mensualisation des salaires, le travailleur perçoit une rémunération identique de mois en mois ; quel que soit le nombre de jours de chacun des mois (249).

---

248) En partant de la journée, l'on trouve 5,33 heures (à savoir 66,66/12,5), alors qu'en partant de la demi-journée, l'on a 3,3 heures (40/12,5). Sauf que 3,3 n'est pas la moitié de 5,33, de même que 5,33 n'est pas le double de 3,3.

249) Kathy SAADA, Premiers regards sur la mensualisation, Économie et Statistique, Année 1972, pp. 29-38. Cette réforme semblera résulter d'un principe socialiste concrétisé à l'arrivée de François Mitterrand à la présidence de la République. En vérité, le Parlement a instauré cette modalité de versement des salaires dès l'entrée en fonction de Georges

Une retenue (pour absences) plus forfaitaire que proportionnelle

Chacun sait que six mois de l'année comptent 31 jours, que cinq autres en renferment 30, tandis que février en comporte 28 (et parfois 29, en cas d'année bissextile). Le passage de la rémunération horaire à ce forfait mensuel n'exclut cependant pas une prise en compte de la durée hebdomadaire de travail. D'ailleurs, les calculs partent du nombre annuel d'heures de travail.

À cet égard, une année c'est 52 semaines, pour le salarié qui n'a pas encore droit aux congés payés ; et une semaine, c'est 35 heures. Cela donne : 1820 heures. Du coup, notre mois de rémunération compte un nombre forfaitaire d'heures résultant de la division de ce produit (à savoir 1820) par 12. En arrondissant au centième supérieur, l'on a : 151,67 heures.

Par ailleurs, chaque heure travaillée rapporte une certaine somme. Pour la connaître, il faut multiplier cette rémunération horaire par le nombre d'heures finalement travaillées (250). En cas de présence régulière à son travail, l'intéressé a droit (en principe) à la somme mensualisée. En cas d'absence non justifiée, ce sera autant d'heures de revenu perdues.

Pompidou. Certes, des auteurs écrivent que « *la mensualisation est issue d'un accord national interprofessionnel du 10 décembre 1977, lequel a été consacré et élargi par la loi du 19 janvier 1978, puis intégré dans le Code du travail à l'occasion de la recodification (C. trav., art. L. 3242-1 s.* » (Elsa PESKINE et Cyril WOLMARK, Droit du travail 2024, HyperCours, Dalloz, 2023, n° 431).

250) L'heure de rémunération n'est connue avec certitude et sans effort que s'agissant du SMIC. Car son montant est actualisé, publié, et commenté régulièrement. Pour les autres travailleurs, la rémunération horaire dépend de leur métier, de leur grade, de leur ancienneté, etc. La générosité de l'employeur y joue un grand rôle. Sauf dans la fonction publique : CDBF, 27 novembre 2009, Illégalité des compléments de rémunération au-delà de la grille statutaire, Recueil Lebon, décembre 2010, 31.

4. – L'échec législatif d'une retenue identique dans les trois versants de la fonction publique.

À leur arrivée au pouvoir, et au moyen d'une loi du 19 octobre 1982, les socialistes avaient abrogé les deux textes (gaulliste et giscardien) trop rigoureux pour les travailleurs. Par conséquent, la perte de salaire devenait presque proportionnelle dans les trois fonctions publiques (FPE, FPH, FPT) (251).

L'heure et la journée étaient les unités de compte. Mais sept ans plus tard, Alain LAMASSOURE a victorieusement suggéré l'abrogation de la loi socialiste, elle-même abrogative (252). La modification historique aura été gravée à l'article 89 de la loi du 30 juillet 1989 portant DDOS (253). Sa réussite n'aura pourtant été que partielle, car le Conseil constitutionnel valida uniquement la disposition relative aux fonctionnaires de l'État (254).

---

251) Tribunal administratif de Versailles, 22 décembre 1988, RFDA 1990. 440, conclusion de Xavier Prétot. « *Pour les personnels de l'État et des établissements publics de l'État à caractère administratif, il convient d'appliquer la règle du trentième indivisible à chaque jour compris entre le premier et le dernier inclus d'absence ou de défaut d'exécution de certaines obligations statutaires, même si aucun service n'avait à être accompli certains jours (sauf congés payés autorisés avant la grève)* » (François DUQUESNE, Droit du travail, Mémentos LMD, Gualino, 14è éd. 2019, p. 301).

252) Cet homme politique y est arrivé en tant que député (de Droite ou de centre-droit), et peu avant de devenir ministre du budget.

253) Une telle loi comporte (comportait) Diverses Dispositions d'Ordre Social (DDOS) ; c'est une sorte de fourre-tout sans ligne directrice véritable. Par souci d'intelligibilité des lois, le Conseil constitutionnel préconise dorénavant l'unité de fond de chaque loi. Aucune ne devrait donc plus ressembler à un bazar. Les juristes parlaient de « *cavalier budgétaire* » pour caractériser une disposition greffée (comme un cheveu dans la soupe) dans une loi traitant d'un sujet étranger (à lui).

254) CONSEIL CONSTITUTIONNEL, Décision du 28 juillet 1987, JO du 29 juillet 1987.

Une retenue (pour absences) plus forfaitaire que proportionnelle

Comme disent les auteurs, à cause de l'adoption de l'amendement LAMASSOURE, il est résulté *« une situation complexe »* (255). Une situation apparemment critiquable.

5. – La critique de la règle constitutionnelle défavorable aux fonctionnaires de l'État.

Selon le Conseil Constitutionnel : *« le mécanisme de retenue sur la rémunération, en cas d'interruption du service ou d'exécution des obligations du service qui n'est au demeurant pas limité au cas de grève, se réfère aux règles de la comptabilité publique relatives à la liquidation du traitement qui est dû à ces personnels après service fait, est ainsi une mesure de portée comptable et n'a pas, par elle-même, le caractère d'une pénalité financière »* (256).

On pourrait objecter que cette règle comptable a bien une origine humaine ; oui elle n'est pas d'une origine divine qui la rendrait intangible (257).

Chacun conviendra qu'une loi nouvelle devrait pouvoir adopter un dispositif différent de décompte de la rémunération et des retenues

---

255) Gilles AUZERO, Dirk BAUGARD et Emmanuel DOCKÈS, *Droit du travail, Précis Dalloz*, 2018, n° 1520.

256) CONSEIL CONSTITUTIONNEL, Décision n° 87-230 du 28 juillet 1987.

257) Née dans le droit de la comptabilité publique, la règle du service fait est aussi une règle fondamentale du droit de la fonction publique. Expressément consacrée, depuis 1959, par le droit écrit, elle est aujourd'hui posée par la loi du 13 juillet 1983 portant droit et obligations des fonctionnaires : *« tout fonctionnaire a droit, après service fait, à une rémunération comportant le traitement, l'indemnité de résidence, le supplément familial de traitement et les indemnités légales ou réglementaires »*. Ce principe est rappelé par les trois lois portant dispositions statutaires relatives à chacune des trois fonctions publiques étatique, territoriale et hospitalière » Olivier NÉGRIN, Le versement de la rémunération, La règle du service fait, La Semaine Juridique Administrations et Collectivités territoriales n° 4, 19 Janvier 2009, 2012).

éventuelles. C'est d'ailleurs un décret (du 6 juillet 1982) qui est venu préciser que : *« (...) chaque trentième est indivisible »*.

Au contraire, il serait envisageable de considérer que le trentième est divisible par 24 (vu qu'un jour dure 24 heures). Mieux, si l'on considère qu'une journée dure 7 heures, le trentième, qui est la rémunération d'une journée pourrait être divisible par 7.

Cela serait sans doute fastidieux pour les services de la paie. Néanmoins, l'on se demandera si une peur de la complexité vaut davantage que la survenue d'une iniquité. Le sentiment de *"loi scélérate"* a même parfois dû être éprouvé, comme c'est le cas en l'encontre d'un dispositif que l'on ne goûte pas (258).

Selon les députés communistes du début du siècle, ce *« dispositif conduit à pénaliser financièrement les agents concernés au-delà du temps durant lequel ils ont décidé de cesser le travail de manière concertée. Il s'agit là de dissuader les agents de recourir à la grève pour faire valoir leurs revendications. Cela ne saurait être acceptable »* (259).

---

258) François-Xavier LUCAS, La "modernitude" s'invite dans les conseils d'administration, BJS nov. 2009, n° JBS-2009-11-édito, p. 945 : « *Le dispositif visant à féminiser les conseils sera lui très certainement impératif et c'est en cela qu'il est scélérat et attentatoire tant à la liberté des actionnaires qu'à leur droit de propriété* ». François CHÉNEDÉ, Petite leçon de "réalisme juridique", D. 2017. 663 : « *Sauf requête farfelue, l'application de la loi porte nécessairement atteinte à telle ou telle facette du droit ou de la liberté invoquée. Sauf loi scélérate, cet arbitrage poursuit tout aussi fréquemment un but légitime ou d'ordre public* ».

259) En septembre 2004, le groupe communiste avait déposé une proposition de loi visant à abroger l'article 4 de la loi de finances rectificative pour 1961, n° 61-825 du 29 juillet 1961, ainsi que l'article 89 de la loi n° 87-588 du 30 juillet 1987 portant diverses mesures d'ordre social. Comme toute proposition de loi faisant peser une charge financière sur l'État, sans prévoir une rentrée de fonds (neutralisatrice de la charge), est irrecevable, les honorables députés suggéraient l'augmentation des taxes sur le tabac et l'alcool (Proposition de loi n° 1394 de février 2004, relative aux retenues de salaires pour fait de grève des personnels de l'État, des collectivités locales et des services publics).

Une retenue (pour absences) plus forfaitaire que proportionnelle

Mais le système qui a ainsi leur préférence conduirait à payer des grévistes qui, par fraude à la loi (contournement malicieux de la loi), feraient grève moins d'une heure.

6. – La discrimination entre les sortes d'agents publics.

La diversité des retenues se défend difficilement à l'égard des agents publics (260). En pratique, celui d'entre eux qui relève de l'État perd une journée d'argent pour une heure de grève. En revanche, l'agent territorial et l'agent hospitalier encourent la retenue d'une heure de salaire pour le même temps de cessation du travail.

Concernant l'agent d'une entreprise publique, sa retenue n'est que de 52 minutes et 30 secondes ; c'est-à-dire en définitive moins d'une heure. Le Conseil constitutionnel justifie la sévérité à l'encontre des fonctionnaires de l'État par leurs missions d'une nature particulière. Une particularité qui ne saute pas aux yeux, en comparaison des hospitaliers et de territoriaux.

Et si tel était vraiment le cas, pourquoi ne pas y interdire les grèves, surtout celles inférieures à une journée ? Après tout, il y a bien des variétés de grèves qui sont illicites, en particulier les grèves tournantes et les grèves surprises (261).

---

260) Bruno GENEVOIS, Quels sont les fondements juridiques des retenues pécuniaires consécutives à une grève ?, *RFDA* 1987, p. 807 ; Fabrice MELLERAY, Les retenues pécuniaires pour fait de grève dans les services publics, AJDA 2003. 1648.

261) Elsa PESKINE et Cyril WOLMARK, Droit du travail 2024, HyperCours, Dalloz, 2023, n° 852 : « *Les grèves perlées qui se caractérisent par un ralentissement du travail ne sont donc pas admises (comp. CEDH 17 juill. 2007, Saltimis, […]). Pas plus que le refus d'effectuer certaines tâches* ».

7. – Les origines de la sévérité à l'encontre des fonctionnaires de l'État.

Si pour la majorité des travailleurs, l'unité de compte de la perte de rémunération est l'heure, l'unité de temps utilisée est plutôt la journée pour les fonctionnaires de l'État (262). Il s'agirait d'une règle de la comptabilité publique : le trentième indivisible (de traitement, de salaire).

Autrement dit, 2009le fonctionnaire d'État (ni hospitalier, ni territorial), qui est absent une demi-journée seulement, sera considéré comme étant absent toute la journée ; sauf peut-être pour les pompiers professionnels (263).

Dès lors, il est pour lui inutile de se limiter à faire grève une seule heure, ou même deux. En effet, sa perte financière sera la même : c'est-à-dire une journée totale de salaire en moins. C'est en l'occurrence la disposition d'une loi de finances rectificative pour 1961 qui survit aujourd'hui. À partir d'une loi du 22 juillet 1977, tout aussi sévèrement sont sanctionnés la présence symbolique et le travail réalisé en partie, ou bien mal.

En clair, l'absentéiste, probablement en grève perlée, ne percevra rien de sa journée. De même, la journée médiocre de travail conduira à une réduction de la rémunération journalière.

---

262) Gilles AUZERO, Dirk BAUGARD et Emmanuel DOCKÈS, *Droit du travail, Précis Dalloz*, 2018, n° 1520.

263) « *Lorsqu'un sapeur pompier professionnel n'a pas, en raison d'une grève, accompli une ou plusieurs gardes de 24 heures auxquelles il était astreint, la retenue à opérer sur son traitement ne doit pas être calculée par trentième, mais en rapportant le nombre de gardes qu'il n'a pas accomplies au nombre moyen de gardes auquel l'intéressé est astreint chaque mois, établi sur la base de son obligation de service annuelle. Le rapport en résultant doit être ensuite appliqué au montant mensuel du traitement auquel il a normalement droit* » (Luc DEREPAS, Le régime des retenues en cas de grève des sapeurs-pompiers professionnels, AJDA 2009. 1892).

8. – La retenue contre l'absentéiste dans une entreprise publique.

Les travaux préparatoires de la loi qui a décidé d'une retenue rigoureuse à l'encontre des fonctionnaires d'État montrent toutefois des parlementaires (de Gauche) réticents au dispositif envisagé. Car sa place n'était pas dans une loi de finances rectificative (mais dans une loi spéciale). Ensuite, tous les serviteurs du service public n'étaient pas pris en compte.

D'un autre côté, c'est finalement à la dérobée que se trouvaient modifiées des règles relatives d'une part au statut des fonctionnaires, d'autre part au droit de grève, et de troisième part à la comptabilité publique.

Cela étant, dans les entreprises publiques, les personnels n'ont pas le statut de fonctionnaires. Ils sont assimilables aux salariés du secteur privé ; hormis le directeur et le comptable (264). Ces agents publics sont des contractuels soumis au Code du travail (265).

La retenue en vigueur est quasiment proportionnelle ; pour une journée d'absence, il y a perte d'une journée de rémunération. Mais si l'absence dure moins qu'une demi-journée, la perte est de 1/50e. Quant à l'absence inférieure à une heure de temps, elle entraîne la perte de 1/160e du salaire mensuel (266).

---

264) Jurisprudence constante, depuis le célèbre arrêt de Robert-Lafrégeyre, CONSEIL D'ÉTAT, 26 janvier 1923, 62529.

265) Aux termes de l'article L2512-5 : Celui-ci prévoit que : « *En ce qui concerne les personnels mentionnés à l'article L. 2512-1 non soumis aux dispositions de l'article 1er de la loi n° 82-889 du 19 octobre 1982, l'absence de service fait par suite de cessation concertée du travail entraîne pour chaque journée une retenue du traitement ou du salaire et de ses compléments autres que les suppléments pour charges de famille. Les retenues sont opérées en fonction des durées d'absence définies à l'article 2 de la loi précitée* ».

266) Gilles AUZERO, Dirk BAUGARD et Emmanuel DOCKÈS, *Droit du travail, Précis Dalloz*, 2018, n° 1520.

C'est une sanction forfaitaire, une sorte d'amende. Mais un forfait qui dédaigne ou épargne les absences de trop faible durée (quelques minutes). Certes, une observation comparable vaut apparemment aussi pour des absentéismes plus conséquents.

9. – L'impression de caractère forfaitaire des retenues des absentéistes.

Si tout compte fait la retenue appliquée au salaire de l'absentéiste n'est pas du tout proportionnelle, est-elle dès lors forfaitaire ? Non, elle ne l'est pas. En effet, ce ne sera pas exactement la même somme que perdront respectivement des absentéistes dont le salaire de base serait bien différent.

Car, en valeur absolue, ils ne perdront jamais la même somme, c'est-à-dire un montant nominal identique. Certes, en valeur relative, les deux travailleurs seront pénalisés dans une proportion similaire (267). De ce point de vue (et comme nous le voyons ci-dessous), l'on pourrait raisonnablement songer à l'existence d'une proportionnalité.

En revanche, concernant un travailleur qui parfois s'absente une journée entière, puis une demi-journée, ou bien encore une heure de temps, la notion de perte proportionnelle ne saurait raisonnablement jouer (268). En effet, il y a un type de perte forfaitaire selon la durée d'absence injustifiée.

---

267) L'enseignant de droit fiscal soumet régulièrement à ses étudiants une distinction proche, entre les impôts indirects (comme la TVA) et les impôts directs (comme celui sur le revenu). Les premiers paraissent forfaitaires à l'instar d'amendes, et ils ont vocation à s'appliquer à tous (même aux pauvres et indigents). Les seconds semblent faire appel à divers critères pour leur fixation à un montant quasi-proportionnel.

268) La question s'est aussi posée dans un domaine juridique bien éloigné. Car « *on s'est rendu compte que le calcul en valeur absolue pouvait faire apparaître un accroissement de l'écart entre les extrêmes alors qu'au contraire, calculé en valeur relative, cet écart se réduisait. Dès lors, selon que le choix du juge administratif se sera porté sur l'une ou l'autre se sera*

Une retenue (pour absences) plus forfaitaire que proportionnelle

Concrètement, ce forfait de1/160e pour une absence de plus d'une heure (grève notamment). Si l'unité de compte (de comptage) est l'heure accomplie, cela signifie qu'en deçà de cette durée, pas de risque de retenue pour le travailleur inconstant.

Par exemple, si l'absence est d'une trentaine de minutes, s'agissant d'un retard dans la prise de poste, ou s'agissant d'un départ anticipé. Relativement à une rémunération mensuelle de 3000 €, le montant perdu pour 1 heure est de 3000/160 = 18,75 €. Mais pour deux heures ? Réponse : il faudrait multiplier par deux ; ce qui donne 37,5 €.

Dans ces circonstances, pour une journée, soit 7 heures de temps, la retenue s'élèverait à 262,5 euros. Ce raisonnement sur la proportionnalité reste valable pour trois heures d'absence. En revanche, la loi prévoit un seuil constitué par la demi-journée.

10. – Un prix de gros (un rabais) pour quelques absentéismes de certains fonctionnaires.

Comme indiqué précédemment, à partir d'une demi-journée d'absence, le fonctionnaire absentéiste perd 1/50e de son salaire mensuel (269). Cela revient à 60 euros de perdu si son salaire est de 3000 €. Pour deux demi-journées d'absence, et toutes choses égales par ailleurs,

---

porté sur l'une ou l'autre de ces méthodes, le décret de remodelage aura été déclaré ou non illégal » (Claudie WEISSE-MARCHAL, Le contrôle du juge administratif sur les opérations de remodelage des circonscriptions cantonales, RFDA 1999. 818).

269) Problème : l'on appréhende mal la durée de la demi-journée ; notamment selon qu'il s'agit de la matinée ou de l'après-midi. Dans une structure donnée, les deux parties de la journée se décomposeront vraisemblablement en 3,5H + 3,5H ; ou bien en 4H + 3H ; ou plutôt en 3H + 4H. Un indice est fourni par le Code du travail (d'application douteuse dans notre cas) : « *Une demi-journée correspond à quatre heures de mandat* » (article L2143-13).

cela veut dire qu'il lui manquera le double en fin de mois ; c'est-à-dire 120 € de retenue.

Aucun doute n'existe sur le fait que deux demi-journées équivalent à une journée entière. Par conséquent, la retenue d'une telle période devrait aussi être cette somme-là. Sauf que le texte de référence prévoit que pour une journée d'absence la retenue est du trentième de salaire mensuel.

Dans notre cas d'école d'un salaire de 3000 €, 1/30e correspond à 100 €. Il y a ainsi 20 € en plus de perdus par le fonctionnaire qui s'octroie unilatéralement sa journée en deux fois, plutôt qu'en une seule fois. Pire quelle que soit la durée (en heures) de la demi-journée et de la journée, la perte salariale sera plus élevée encore pour celui qui aura bénéficié unilatéralement d'un temps en absentéisme.

Car la retenue est de 1/160e pour une absence d'une heure de temps ; soit 18,75 €. Or pour des absences perlées d'une heure chacune, par exemple sept, la perte totale sera : 18,75 € * 7 = 131,25 €. En résumé, le même temps volé à l'employeur coûte plus cher à l'absentéiste qui le prend progressivement.

Pour notre cas : 100 € pour la journée ; 120 € pour deux-demi-journées ; 131,25 € pour 7 heures). Enfin, la retenue devient proportionnelle dans le cas de plusieurs jours d'absence. Il faudra multiplier le salaire journalier à perdre par le nombre de jours d'absence (270).

11. – La comparaison de la perte des grévistes dans le privé et le public.

Dans le secteur privé, les calculs des retenues pour absence peuvent sembler plus simples et nettement proportionnels. Car le salaire mensuel est divisé par 151,67 en vue de déterminer un taux horaire moyen. Pour le même salaire de 3000 euros, cela donne 19,80 € par heure.

---

270) La difficulté réapparait si par ailleurs quelques heures et minutes s'ajoutent aux jours entiers d'absence.

Une retenue (pour absences) plus forfaitaire que proportionnelle

On supposera que la semaine dure 35 heures, en allant du lundi au vendredi ; soit 7 heures par jour. La retenue pour une journée d'absence résulterait de la multiplication de l'un et l'autre des facteurs (7 et 19,80 €) = 138,6 euros. Supposons un weekend anticipé par le salarié qui s'absente le jeudi (et le vendredi). La somme ratée par un tel absentéiste serait le double, c'est-à-dire 277,20 euros.

Dans le secteur privé, la retenue est plus rigoureuse, parce que proportionnelle aux heures effectives d'absence. Les fonctionnaires d'État sont néanmoins plus rigoureusement pénalisés au cas d'absence inférieure à une journée, car l'unité de décompte n'est pas l'heure, mais plutôt la journée.

Ce sont en définitive les agents de la fonction publique territoriale et ceux de la fonction publique hospitalière qui subissent les retenues les plus douces. S'agissant des machinistes de la RATP et des conducteurs de bus urbain liés au service public de transport de passagers, le gouvernement du président Sarkozy avait institué une réduction de salaire épousant la durée de défaut de travail (271).

Leur situation ressemble à celle des fonctionnaires des hôpitaux et des fonctionnaires des collectivités territoriales.

12. – La fraude à la loi de grévistes connaisseurs du seuil de déclenchement de la retenue.

Le conseil de prud'hommes de Lorient (16 janvier 2019) a songé à une fraude à la loi, relativement à des grévistes qui flirtaient avec le seuil de déclenchement des retenues pour absentéisme. Il est écrit dans son jugement qu'un préavis de grève avait été déposé par deux organisations syndicales au sein de la société Keolis Rennes (le 29 mai 2015), prévoyant des débrayages de 7 heures 30 à 8 heures 29

271) C'est inscrit dans la loi n° 2007-1224 du 21 août 2007, art. 10 ; Gilles AUZERO, Dirk BAUGARD et Emmanuel DOCKÈS, *Droit du travail, Précis Dalloz,* 2018, n° 1520.

et de 17 heures à 17 heures 59 à compter du 4 juin 2015. Soit 59 minutes de grève, c'est-à-dire un quantum inférieur aux 60 (minutes) fatidiques qui déclenchent la retenue sur salaire. C'est quasiment une fraude à la loi (272).

Cette grève s'est achevée le 5 juin 2015. Alors, la société Keolis a opéré une retenue sur le salaire d'un conducteur de bus, lequel était par ailleurs le représentant syndical du syndicat SNUD CGT. La retenue équivalait *« à quatre fois cinquante-neuf minutes pour deux jours »*.

L'intéressé s'est trouvé désemparé, car faire grève moins d'une heure complète été censé permettre d'échapper à la perte d'une portion de rémunération. À la suite des juges du fond, la Cour de cassation lui a encore donné tort. Car *« c'est à bon droit que le conseil de prud'hommes a dit que l'employeur était fondé à appliquer une retenue sur salaire proportionnelle aux heures non travaillées en raison de la grève »* (273).

C'est là une application de l'article L2512-5 du code du travail, complété par l'article 2 de la loi n° 82-889 du 19 octobre 1982. La disposition s'applique quasi systématiquement aux retenues à opérer sur les rémunérations des personnels des établissements privés chargés d'un service public (274).

---

272) En vérité, il existe « *la fraude au sens strict, à ne pas confondre avec la fraude au sens large qui est tenue pour synonyme de manœuvre déloyale, de ruse, de tromperie. Il y a fraude au sens large lorsqu'une règle, un concept juridique ou un droit subjectif est utilisé à une fin autre que celle pour laquelle le moyen a été originairement prévu* » (Mélanie DUBUY, La fraude à la loi, RFDA 2009. 243). La fraude à la loi (avec son sens spécifique) se rencontre principalement en droit international privé.

273) CASS. SOC., 08 juillet 2020, pourvoi n° 19-13.767.

274) Cette loi (du 19 octobre 1982) est relative aux retenues pour absence de service fait par les personnels de l'État, des collectivités locales et des services publics.

Une retenue (pour absences) plus forfaitaire que proportionnelle

Il n'en va différemment que si un texte particulier prévoit un autre mode de calcul, a posé le Conseil constitutionnel (275). C'est le cas pour les transports terrestres réguliers de voyageurs (276).

275) Décision n° 87-230 du 28 juillet 1987.

276) L'on consultera utilement l'article L1324-11 du code des transports, issu de la loi n° 2007-1224 du 21 août 2007, sur le dialogue social et la continuité du service public dans les transports terrestres réguliers de voyageurs. À savoir que : « *la rémunération d'un salarié participant à une grève, incluant le salaire et ses compléments directs et indirects à l'exclusion des suppléments pour charges de famille, est réduite en fonction de la durée non travaillée en raison de la participation à cette grève* ».

LE POURQUOI DU REFUS DU SALAIRE À L'ABSENTÉISTE

Clotaire MOULOUNGUI
Maître de conférences hors classe à l'ULCO (académie de Lille)
Ancien Chef du Département Gestion des Entreprises et des Administrations
Responsable de la licence professionnelle Métiers de la Gestion et du Social

Résumé : En vertu soit de statuts de la fonction publique, soit de contrats de travail, un individu peut s'obliger à mettre sa force de travail au profit d'un employeur public ou privé. Cette mise à disposition de sa personne n'est point permanente ; en effet des pauses, des repos et des congés l'entrecoupent. De sa part, le fait de ne pas se trouver à l'ouvrage aux périodes prévues constitue un manquement envers l'employeur. Alors, la réciprocité entre la rémunération et la prestation de travail s'en trouvera perturbée. De toute évidence, l'employeur s'estimera bien fondé à ne point verser d'argent au salarié qui n'aura pas travaillé.

Mots clefs : Absentéisme ; retenue sur salaire ; fondement du salaire ; fonction publique ; entreprise privée.

Abstract : Under either civil service statutes or employment contracts, an individual may be required to provide their labor to a public or private employer. This provision of their person is not permanent; indeed, it is interspersed with breaks, rest periods, and vacations. On their part, failure to work at the scheduled times constitutes a breach of duty toward the employer. This will disrupt the reciprocity between remuneration and work performance. Clearly, the employer will consider it justified in not paying money to an employee who has not worked.

Keywords : Absenteeism; salary deduction; salary basis; civil service; private enterprise.

1. – La subordination du salaire à des efforts au profit de l'employeur.

En vertu soit de statuts de la fonction publique, soit de contrats de travail, un individu peut s'obliger à mettre sa force de travail au profit d'un employeur public ou privé. Cette mise à disposition de sa personne n'est point permanente ; en effet des pauses, des repos et des congés l'entrecoupent (277).

De sa part, le fait de ne pas se trouver à l'ouvrage aux périodes prévues constitue un manquement envers l'employeur. Alors, la réciprocité entre la rémunération et la prestation de travail s'en trouvera perturbée (278). De toute évidence, l'employeur s'estimera bien fondé à ne point verser d'argent au salarié qui n'aura pas travaillé.

Des professeurs inspirés par *« le synallagmatisme »* du contrat de travail ont écrit que *« pendant la grève, le contrat étant suspendu, les parties sont dispensées d'exécuter leurs obligations contractuelles principales. Du côté de l'employeur, l'arrêt de travail entraîne une suspension corrélative de l'obligation de payer le salaire »* (279).

De la même façon, un autre professeur enseigne que : *« bien évidemment, le non-paiement du salaire peut résulter de l'absence de contrepartie ou de cause. Il peut aussi être la simple conséquence*

---

277) Naturellement, pour que la vie en société soit possible, nombre de salariés doivent se maintenir à la disposition de leurs employeurs même les weekends et fêtes. C'est le cas de ceux qui œuvrent dans les métiers de bouche et dans les activités de loisir. C'est encore plus le cas de la part des professionnels chargés de la santé et de la sécurité de leurs concitoyens. Par exemple, un contrôleur aérien est susceptible de travailler n'importe quel jour de l'année, de même qu'un agent de la SNCF, car les voyages par avion ou par train ont lieu en permanence.

278) Et, sauf excuse conventionnelle ou légale, des sanctions professionnelles (disciplinaires) en découleront par ailleurs.

279) Gilles AUZERO, Dirk BAUGARD et Emmanuel DOCKÈS, *Droit du travail, Précis Dalloz*, 2018, n° 1517 ; Alain BOUILLOUX leur emboîte volontiers le pas (Salaire : fixation, montant, *Répertoire de droit du travail*, mars 2011, n° 23.

attachée à une sanction non prohibée. Le salarié mis à pied ne touche pas de salaire pour le temps où il ne peut fournir de prestation de travail » (280). Or la loi semble se prononcer dans le même sens.

2. – L'apparente consécration législative de la réciprocité entre le salaire et le travail.

Le Code civil énonce plus généralement que *« le contrat est synallagmatique lorsque les contractants s'obligent réciproquement les uns envers les autres »* (281). Deux professeurs insistent plutôt sur « *l'exception d'inexécution du droit des contrats* » (282). Curieusement, le Code du travail reprend l'idée dans son article L2512-5, pour des travailleurs de services publics.

Effectivement, y lit-on : *« En ce qui concerne les personnels mentionnés à l'article L. 2512-1 non soumis aux dispositions de l'article 1er de la loi n° 82-889 du 19 octobre 1982 [sur les retenues], l'absence de service fait par suite de cessation concertée du travail entraîne pour chaque journée une retenue du traitement ou du salaire et de ses compléments autres que les suppléments pour charges de famille. Les retenues sont opérées en fonction des durées d'absence [....] »*.

---

280) Antoine MAZEAUD, Droit du travail, Précis Domat Droit privé, LGDJ, 2016, n° 145. Il ajoute plus loin dans ce manuel que « *l'employeur n'est pas tenu de verser un salaire le temps de la grève, faute de contrepartie* » (n° 502).

281) Code civil, article 1106, alinéa 1.

282) Elsa PESKINE et Cyril WOLMARK, Droit du travail 2024, HyperCours, Dalloz, n° 425 et 880) : « *l'employeur n'exécute pas sa prestation tant que le salarié n'exécute pas la sienne. Mais cette règle est atténuée de deux manières [les congés payés ; le travailleur disponible mais sans mission]* ». La Cour de cassation se prononce dans le même sens : « *la grève ayant pour effet de suspendre l'exécution du contrat de travail, l'employeur n'est pas tenu de payer le salaire pendant la période de cessation du travail* » (CASS. SOC., 9 mai 2012, 10-27.115, ASSOCIATION LES LAURIERS).

Même si la disposition se rapporte aux services publics, les personnels concernés ne sont pas à proprement parler des fonctionnaires (avec un statut) ; ce sont des contractuels (283). À la vérité, il existe un nombre important de cas où le travailleur doit forcément percevoir une rémunération alors qu'il n'aura pourtant rien fait au profit de son employeur.

De ce découplage, l'on pourrait déduire que le droit à rémunération découle plutôt du lien juridique entre le travailleur et l'employeur ; à savoir le contrat de travail ou le statut d'agent public (284). Au reste, *« un tel synallagmatisme, appliqué au contrat de travail, pourrait conduire à toutes les dérives [en cas de maladie et d'inaptitude] »* (285).

3. – L'assiette de la retenue sur salaire pour manque de travail (service) fait.

La perte financière qu'endure un fonctionnaire sur sa rémunération dépasse son (seul) traitement brut. En effet, la retenue touche aussi ses primes et indemnités, y compris l'indemnité de résidence (286). L'ARRÊT DEBACQ du Conseil d'État (23 avril 1975) avait donné

---

283) Jusqu'aux années 90 (en application de la jurisprudence époux Bertin), s'ajoutait la distinction conduisant à qualifier de contrat administratif quelques uns de ces contrats de mise à disposition de sa force de travail. Si le travailleur œuvrait dans le cœur même de métier du service public, c'est-à-dire pour aider à satisfaire la raison d'être de celui-ci, son contrat de travail (a priori privé) était dès lors de caractère administratif.

284) Geneviève PIGNARRE et Louis-Frédéric PIGNARRE, Le salaire contrepartie du travail ou les vertus du synallagmatisme revisité par le droit du travail, *Rev. trav.* 2011. 647.

285) Vincent WAUQUIER, CDD et inexécution de la prestation inhérente au contrat de travail, *D.* 2004. 377.

286) Dans le secteur privé, « *la retenue sur salaire pratiquée pour ces absences de courte durée dues à la grève doit tenir compte de la durée de l'absence et être calculée en déterminant, à partir du salaire mensuel ou annuel des intéressés* » (Gwennhaël FRANÇOIS, L'unité de décompte du temps de travail : l'heure ou le jour, Droit social 2022. 11).

raison au ministre de l'économie et des finances de s'être prononcé en ce sens élargi (287).

La loi du 21 août 2007 sur le dialogue social et la continuité du service public dans les transports terrestres réguliers de voyageurs reprend cette philosophie. Son article 10 proclame que : *« La rémunération d'un salarié participant à une grève, incluant le salaire et ses compléments directs et indirects à l'exclusion des suppléments pour charges de famille, est réduite en fonction de la durée non travaillée en raison de la participation à cette grève ».*

Autrement dit, seuls ses suppléments à connotation familiale ne souffrent pas de la réaction patronale contre son absentéisme.

4. – L'identification préalable des absentéistes objets de la retenue sur salaire.

Avant de procéder aux retenues sur salaire, il faut avoir (préalablement) identifié les absentéistes (288). Dans plusieurs services publics, cette identification est facilitée par le fait que les grévistes s'annoncent obligatoirement (se dénoncent) comme tels (289).

---

287) CONSEIL D'ÉTAT, 23 avril 1975, « Min. Econ. Fin. c. Debacq et autres ».

288) Dans un service, les personnels pointent ou badgent pour marquer leur prise de poste. Les retards alors constatés ne réduisent pas forcément la rémunération mensuelle des intéressés. Toutefois, le responsable du service les prendra probablement en considération lors de l'appréciation (évaluative) de la façon de servir de l'agent. Ajoutons que le pointage et le badgeage permettent par ailleurs de comptabiliser les temps de pause (impromptus et/ou interminables), ainsi que les départs anticipés pour des raisons plus ou moins bonnes.

289) L'esprit gaulois (conflictuel et vindicatif) se satisfait de faire la surprise à l'employeur, lequel découvre un beau matin l'existence tant de revendications que de l'arrêt collectif de travail. On notera que dans beaucoup de pays étrangers, la grève n'est déclenchée qu'en dernier recours, compte tenu de l'échec de négociations préalables. Si cette façon

C'est le préavis de grève, lequel est inconnu dans le secteur privé ; du moins dans celui qui est étranger à une délégation de service public (290). Des fonctionnaires ont en conséquence crié au flicage et au fichage, c'est-à-dire en définitive à une atteinte au droit de grève. Mais selon le Conseil d'État (12 février 2020), le fait que l'agent public doive assumer qu'il fait grève (en se déclarant) et l'obligation d'en assumer les désagréments logiques, ne portent nullement *« une atteinte grave et manifestement disproportionnée au droit de grève »* (291).

En l'espèce, des enseignants-chercheurs avaient découvert combien il en coûtait (financièrement) de faire grève. À l'ordinaire, leurs revendications sociales n'ont pas d'incidence sur leur portemonnaie. Encore qu'il soit difficile de comptabiliser avec justesse l'absentéisme de cette faune intellectuelle.

Car les enseignants-chercheurs travaillent (devant des étudiants) seulement un jour par semaine ; par exemple le lundi matin. En revanche, ils vaquent librement le reste de la semaine (peut-être loin de l'université) à des activités de recherche ou de conseil (292).

---

de procéder est naturelle en Allemagne et dans les démocraties de l'Europe du Nord, elle est plutôt prescrite par la loi, dans divers pays du tiers-monde. C'est que la quête d'investisseurs et du développement ensuite espéré s'accommodent mal d'arrêts intempestifs d'une activité censée permettre l'amortissement des machines et outillages, puis la rémunération de ces investisseurs.

290) CASS. SOC., 30 juin 2015, SOCIÉTÉ GUYAVERT, pourvoi n° 14-11077, Bulletin 2015, n°833. Dans cette affaire, il est question d'un seul salarié (gréviste), alors que la grève est normalement collective. Peut-être lui seul aura entendu s'élever contre les mesures de rétorsion de l'employeur.

291) CONSEIL D'ÉTAT, 12 février 2020, n° 421997, MM. X. c/ Ministre de l'enseignement supérieur.

292) On notera que ceux d'entre eux qui s'adonnent aux conseils en droit, en gestion, en informatique, etc., renoncent alors à la prime d'enseignement supérieur et de la recherche. Peu importe que par ailleurs ils publient énormément et fassent des heures supplémentaires (des heures complémentaires, préfère-t-on dire à l'université). Une évolution généreuse se dessine à propos de cette prime.

Bizarrement, pour la jurisprudence, leur grève éventuelle comprendrait aussi ce temps d'apparente liberté.

5. – La grève à éclipse entre absence et présence au travail.

Parfois, la disponibilité du salarié paraît équivoque, parce que l'intéressé balancera entre la volonté de grève et la volonté de travail (293). Le cas échéant, l'employeur peut se croire fondé à refuser tout versement d'argent à ce salarié. Dès lors, il y aura un contentieux à régler devant les cours et tribunaux.

C'est dans un tel contexte que la cour d'appel de PAU (8 janvier 2015) avait vu l'un de ses arrêts critiqué devant la Cour de cassation. Les demandeurs étaient des conducteurs SNCF de trains de voyageurs. Ces agents, basés à TARBES, ne comprenaient pas que l'employeur ait échappé à l'obligation de quand même leur payer les jours de grève.

Juridiquement, la difficulté venait de ce que malgré leur dépôt de la déclaration individuelle d'intention (de faire grève), l'employeur les avait placés en service facultatif (294). Dans l'entreprise ferroviaire, c'est une position intermédiaire entre l'agent en grève et l'agent roulant (c'est-à-dire véritablement disponible pour le travail).

Ils avaient certes le désir de faire grève ; mais auront-ils en définitive sauté le pas ? A supposer que non, peut-être leur sort ne devait-il pas ressembler à celui de leurs collègues qui étaient indiscutablement grévistes ou, au contraire, ressembler à celui des non-grévistes (alors en roulement).

---

293) Elsa PESKINE et Cyril WOLMARK, Droit du travail 2024, HyperCours, Dalloz, n° 872 et suivants.

294) Code des transports, article L1324-7.

6. – La situation particulière des agents SNCF presque en grève.

Dans l'affaire ci-dessus, la Cour de cassation (13 octobre 2016) a répondu aux plaideurs dans un raisonnement en deux étapes. D'une part, *« en cas de grève, les personnels disponibles sont les personnels de l'entreprise non grévistes »* (295).

D'autre part, conformément aux dispositions applicables, *« en cas de grève ou autre perturbation prévisible [...], l'agent est dévoyé [soustrait] de son roulement, placé en service facultatif et peut être utilisé dès l'expiration du repos journalier ; [...] »* (296).

Cela étant, *« les agents indispensables à l'exécution du plan de transport doivent, 48 heures à l'avance, déclarer auprès de leur employeur leur intention de participer à la grève ou de la rejoindre à l'une de leur prise de service comprise dans la période couverte par le préavis [...] »* (297).

Néanmoins, les agents en question disposent de la faculté de se rétracter en continuant le travail. En bonne logique, cette volonté révisée ne présentera d'utilité pour l'employeur que s'il en est informé. Une information qui doit justement lui parvenir le plus tôt

---

295) CASS. SOC., 13 octobre 2016, 15-13.886.

296) C'est un arrêté (forcément unilatéral) qui est appliqué, faute d'accord collectif de prévisibilité du service applicable en cas de perturbation prévisible du trafic ou de grève. Il a été pris (subsidiairement) en l'absence d'accord au sein de la SNCF. C'est un acte administratif (valeur réglementaire) annulable par le juge administratif. L'accord ou l'arrêté devait ainsi mettre en œuvre l'article 5 de la loi n° 2007-1224 du 21 août 2007 sur le dialogue social et la continuité du service public dans les transports terrestres réguliers de voyageurs. En l'espèce, étaient en jeu l'article 6.3 du RH 007 et l'article 3 du chapitre 2 du RH 0924 de l'arrêté de la SNCF. Cet arrêté a été modifié par le décret du 8 juin 2016. De sorte que la solution de l'arrêt ne serait probablement plus la même.

297) Alors la grève illicite serait, dans les services publics, par exemple, celle qui ne serait pas précédée d'un préavis syndical (Bertrand MATHIEU, Illégalité de retenues sur salaires imposées à des agents publics ayant participé à un mouvement revendicatif, *AJDA* 1992. 371).

possible « *afin de mettre le service en capacité de les utiliser dans les meilleures conditions, et au plus tard, à l'heure de prise de service* ».

Dès lors, la cour d'appel (Pau, 8 janvier 2015) avait exactement décidé « *qu'en supprimant le roulement normal de l'ensemble des agents ayant ou non manifesté leur intention de participer à la grève et en les plaçant en position de service facultatif, [...], la SNCF n'a pas porté atteinte au droit de grève de ceux qui, bien qu'ayant déclaré leur intention d'y participer, ne pouvaient être considérés a priori comme grévistes dès lors qu'ils pouvaient à tout moment renoncer à rejoindre le mouvement en se mettant à la disposition de leur employeur* ».

Or les agents de conduite en cause ne semblaient pas s'être remis à la disposition du service ; et en tous cas pas à un moment où leur utilisation eut pu apparaître efficiente. Par conséquent, aura conclu la Cour de cassation (13 octobre 2016), la cour d'appel paloise « *en a exactement déduit que les intéressés ne pouvaient pas prétendre au paiement des jours de grève qu'ils réclamaient et a ainsi légalement justifié sa décision* » (298).

7. – L'indisponibilité des agents SNCF potentiellement grévistes.

Toujours dans le cadre du doute ou du flou dans lequel peut se trouver la SNCF, l'on peut renvoyer à cette affaire (SOCIÉTÉ SNCF MOBILITÉS) plus récente. La Cour de cassation (16 janvier 2019) y aura jugé que : « *la cour d'appel a exactement décidé que dès lors qu'ils n'ont pas, au plus tard 24 heures avant l'heure prévue pour leur participation à la grève, informé l'employeur de leur décision d'y renoncer, les agents déclarés grévistes ne peuvent être considérés comme disponibles et affectés à un service dans le cadre du plan de transport adapté prévu par les référentiels RH 0924 et RH 077 à valeur réglementaire, le jour de leur participation à la grève, y*

---

298) CASS. SOC., 13 octobre 2016, pourvoi n° 15-13886, Bulletin, ECLI : FR : CCASS : 2016 :SO01786.

compris pendant la période entre l'expiration de leur repos journalier et l'heure théorique de prise de service » (299).

La valeur réglementaire ici invoquée surprendra certainement le privatiste (300). En tous cas, le délai d'incertitude ou le temps de flottement baisse ici en passant du double au simple, de 48 heures à 24 heures. Il n'empêche que la grève ne sera jamais brusque et surprenante pour l'employeur.

Mais dans l'intervalle, celui-ci demeurera dans le doute. Son organisation pourrait dès lors être perturbée même sans grève en définitive. Une semblable situation est un manège syndical probable : d'une part, convaincre le maximum d'agents de prétendre vouloir faire grève ; d'autre part, tous se raviser au dernier moment.

Il est entendu qu'une journée n'est pas forcément suffisante pour réorganiser la marche d'une entreprise chargée du transport de millions de passagers quotidiennement.

8. – La qualité de gréviste des agents Air France demeurés solidaires de la grève.

Toujours en matière de transport de personnes, mais cette fois dans l'aérien, une juridiction fut appelée à se prononcer (en première et dernière instance) sur une difficulté comparable à celle vue ci-dessus (à la SNCF). En effet, la formation de référé du Conseil de prud'hommes de Villeneuve-Saint-Georges (21 juillet 1997) se

---

299) CASS. SOC., 16 janvier 2019, pourvoi n° 17-27.124, Société SNCF mobilités c/ Sud Rail ; rejet du pourvoi contre Paris (du 27 octobre 2017).

300) Quelques unes des décisions adoptées par une personne privée chargée d'un service public sont des actes administratifs unilatéraux assimilables à des arrêtés, et donc annulables à l'occasion d'un recours pour excès de pouvoir devant la juridiction administrative. Les prérogatives du délégataire ont pu aller jusqu'à l'expropriation pour cause d'utilité publique. Cf. Sophie NICINSKI, Que reste-t-il de la délégation de service public ? *AJDA* 2023. 162.

devait de qualifier juridiquement des jours où aucune activité n'était prévue.

Pouvait-on dire aux salariés en question qu'ils faisaient quand même grève ? Il sembla à la juridiction que l'employeur (Air France) devait prouver la participation effective à la grève, pour justifier toute retenue sur salaire. Compte tenu de la carence dans la fourniture de cette preuve, les juges ont alors reconnu aux salariés le droit à une provision (sur salaires). Peut-être sur la base d'un usage d'entreprise (301).

La Cour de cassation (24 juin 1998) censura la décision en se fondant sur deux motifs ; dont le premier présente une valeur universelle. Il s'agissait concrètement du statut juridique du travailleur lors des périodes où, de toute façon, l'entreprise serait fermée (jours non ouvrés).

Dans son arrêt AIR FRANCE, la Cour suprême judiciaire (24 juin 1998) proclame que : *« l'exercice du droit de grève suspend l'exécution du contrat de travail pendant toute la durée de l'arrêt de travail, en sorte que l'employeur est délié de l'obligation de payer le salaire ; que le salarié, qui s'est associé au mouvement de grève doit être légalement considéré, sauf preuve contraire de sa part, comme gréviste pour toute la durée du mouvement ; qu'il ne peut donc prétendre au paiement de sa rémunération pendant cette période,*

301) En l'espèce, relatent les juges, « *les intéressés présentaient des décomptes dont il résultait qu'il était d'usage dans l'entreprise de ne pas décompter en grève les jours où aucun service n'était programmé* ». Il convient de noter que « *la Cour de cassation applique systématiquement le même régime juridique aux usages et aux engagements unilatéraux (v. par ex. Soc. 7 janv. 1992, Bull. civ. V, n° 2 ; 23 sept. 1992, Bull. Civ. V, n° 479). Cette assimilation vaut tant pour la dénonciation (A.) que pour l'articulation de ces normes avec d'autres normes (B.)* » (Elsa PESKINE et Cyril WOLMARK, Droit du travail 2024, HyperCours, Dalloz, n° 303).

peu important que certains jours il n'ait eu, normalement, aucun service à assurer » (302).

C'est une sorte de condamnation des grèves de solidarité, même de solidarité interne (303).

Une vingtaine d'années auparavant, dans l'AFFAIRE ZUERAS, la même chambre de la Cour de cassation (20 février 1980) avait tenu un raisonnement presque différent (304).

9. – La qualité de gréviste du permissionnaire venu manifester contre l'employeur.

Par rapport à la Cour de cassation (et également en lien avec une grève de solidarité) le Conseil d'État aura semblé plus sévère encore à l'égard d'un permissionnaire cette fois. Celui-ci paraissait pourtant à l'abri de toute éventuelle volonté *''patronale''* de pénalisation. Car il s'était contenté de revenir sur son site de travail (de MÉTÉO

302) CASS. SOC., 24 juin 1998, pourvoi n° 97-43.876, 97-43.877, Bulletin 1998 V n° 335 p. 253.

303) En France, le concept de grève par procuration est apparu pour exprimer la solidarité éprouvée par la population envers les grévistes. Nul ne devrait avoir à en souffrir, sauf les grévistes eux-mêmes. Sinon, l'on a l'impression de chercher à condamner la participation morale à un délit (ou à un crime), l'auteur principal devant payer avec ses comparses. À propos des grèves de solidarités, conf. Elsa PESKINE et Cyril WOLMARK, Droit du travail 2024, HyperCours, Dalloz, n° 861 et suivants.

304) En effet, avait-elle dit : « *Pely-Zueras, tombé malade avant le début de la grève totale qui avait suspendu les contrats de travail et guéri seulement après la reprise du travail, avait droit pour cette seconde période à la totalité de ces compléments de salaire, sans qu'il y eut lieu de supputer, en l'absence de preuve, qu'il aurait participé à la grève s'il avait pu travailler* » (CASS. SOC., 20 février 1980, 78-41.116, Société Fabriques Réunies de Lampes Électriques, Bulletin N. 161).

FRANCE) pour soutenir le mouvement social déclenché par ses collègues.

D'un point de vue statutaire, au moment de la grève (17 octobre 2008), il *« bénéficiait ce jour là d'une journée de récupération accordée par son chef de service »*. On pouvait ainsi hésiter à lui infliger une retenue. Car il ne paraissait pas être dans la même situation que ses collègues qui, eux, auront manifesté durant leur temps de travail.

L'employeur public a néanmoins pensé qu'il convenait de le traiter pareillement (que ces derniers). Et le Conseil d'État (04 décembre 2013) lui a donné raison. En effet, dit-il, *« le tribunal administratif n'a commis aucune erreur de droit en jugeant que, faute pour M. B... de démontrer qu'il bénéficiait ce jour là d'un congé annuel, Météo-France était fondé à procéder à la retenue sur son traitement pour absence de service fait le 17 octobre 2008 »* (305).

A contrario, s'il était revenu participer au piquet de grève pendant ses congés annuels, la retenue qu'il avait subie n'aurait pas été légale (306).

---

305) CONSEIL D'ÉTAT, 04 décembre 2013, Météo-France, n° de pourvoi 351229 : *« l'application des règles de décompte des retenues sur le traitement mensuel de l'agent en grève ne saurait toutefois porter atteinte à son droit au congé annuel lorsque cet agent a été, préalablement au dépôt d'un préavis de grève, autorisé par son chef de service à prendre ses congés au cours d'une période déterminée »*.

306) *« En revanche, l'application des règles de décompte des retenues sur le traitement mensuel de l'agent en grève ne saurait porter atteinte à son droit au congé annuel lorsque cet agent a été au préalable autorisé par le chef de service à prendre ses congés au cours d'une période déterminée »* (Marie-Christine ROUAULT, Les jours de congés annuels compris dans une période de grève doivent être payés, La Semaine Juridique Social n° 29, 15 Juillet 2008, act. 403). La doyenne faisait des observations sous CONSEIL D'ÉTAT, 27 juin 2008, n° 305350, Morand.

10. – La sévérité critiquable du Conseil d'État contre le permissionnaire contestataire.

La solution choisie par le Conseil d'État (au point précédent) est contestable ; parce que l'agent n'était pas en service. Malgré les doutes théoriques, un raisonnement par l'absurde, ou tout au moins un raisonnement a contrario, permet de bien appréhender la situation (307).

Le point de départ est d'imaginer qu'un tel agent ait commis un dommage, à l'encontre peut-être d'un usager, ou à l'encontre d'un tiers au service. Or l'employeur public aurait-il dû accepter la mise en jeu de sa responsabilité administrative (pour faute de service) ? Non, sans doute. Logiquement, il devait brandir la notion de faute personnelle, *« sans lien avec le service public »* (comme dit la formule classique).

Normal : dans l'intervalle l'agent (en congé) sera quasiment devenu étranger au service. C'est la preuve qu'il ne fallait pas voir (et que l'on devrait jamais voir) le travailleur permissionnaire comme un agent en grève.

Du reste, si des badauds rejoignaient des grévistes, l'administration ne les retiendrait absolument pas dans son décompte du nombre de

---

307) « *La question de savoir s'il est possible de raisonner a contrario sur une décision de justice, et pourquoi, est importante en pratique. Il pourrait y avoir un réel progrès à préciser quelque peu les conditions d'admissibilité d'une telle justification ; un arrêt peut-il fonder l'application, à une espèce contraire, de la solution inverse de celle qu'il avait retenue ? La possibilité de raisonner a contrario sur une décision de justice est aussi de grande portée théorique. Ce pourrait être un progrès d'enrichir la discussion sur la jurisprudence, en examinant les modes de traitement auxquels elle est soumise. La règle jurisprudentielle est trop souvent l'objet de réflexions fondées seulement sur des postulats relatifs à la nature du droit et de la règle ; en examinant les modalités de sa mise en œuvre, il doit être possible d'amoindrir les effets de ces prismes, voire de les corriger* » (Christian ATIAS, Jurisprudence a contrario ? D. 1997. 297).

grévistes ; car ce ne sont pas ses agents. Elle n'envisagerait pas non plus de sanctionner ces badauds, parce que pénalement et civilement sans reproche. Au fond, des velléités (de l'administration) en ce sens butteraient contre la liberté d'aller et venir, ainsi que contre le droit de manifester (308).

308) Ce sont des libertés publiques acquises à tous depuis la Déclaration des Droits de l'Homme et du Citoyen de 1789. Leur limitation en amont suppose un texte (de préférence une loi), tandis que sur le terrain de l'application, une crainte de troubles à l'ordre public justifiera une entrave.

www.ingramcontent.com/pod-product-compliance
Lightning Source LLC
LaVergne TN
LVHW082231051026
849532LV00012B/3940
* 9 7 8 2 4 8 7 7 4 0 1 8 1 *